Ma'at

Die ägyptische Göttin
der Richtigkeit und der Schönheit

Kontakt: www.HarryEilenstein.de
Harry.Eilenstein@web.de
Harry Eilenstein bei youtube

Herstellung und Verlag: BoD – Books on Demand, Norderstedt

ISBN: 9783754384350

Inhaltsverzeichnis

IV   Ma'at im eigenen Leben

Bücherverzeichnis

I Ma'at – die Logik der Schönheit

1. Das Richtige und das Gute

Man kann das Konzept der Ma'at und auch den Namen „Ma'at" der Göttin, die dieses Konzept verkörpert, mit „Richtigkeit" übersetzen. Diese Richtigkeit ist früher einmal eine zentrale Vorstellung gewesen – der Kern der magisch-mythologischen Weltbilder. In den heutigen Weltbildern ist die Richtigkeit in dem damaligen Sinne hingegen kaum noch von Bedeutung – zumindestens nicht als bewußtes Konzept.

Im Grunde ist die Richtigkeit etwas sehr Einfaches: Die Richtigkeit ist der Zustand einer Sache, in der diese Sache funktioniert, sich in der gewünschten Weise verhält, effektiv ist, zu dem angestrebten Ziel führt, optimal ist usw.

Die Richtigkeit findet sich letztlich in allem, woran man ein Interesse hat – zumindestens kann die Richtigkeit in diesen Dingen sein, wenn sie auf eine gute Weise erschaffen und gestaltet worden sind:

Die Sonne ist richtig, wenn sie hell ist,
der Sommer ist richtig, wenn er warm ist,
der Winter ist richtig, wenn er kalt ist,
der Honig ist richtig, wenn er süß ist,
das Messer ist richtig, wenn es scharf ist,
der Pfeil ist richtig, wenn er gerade ist,
das Rad ist richtig, wenn es rund ist,
die Achse ist richtig, wenn sie in der Mitte sitzt,
die Harfe ist richtig, wenn sie gestimmt ist,
die Mauer ist richtig, wenn sie fest ist,
das Dach ist richtig, wenn es dicht ist,
das Auto ist richtig, wenn es fährt,
das Schiff ist richtig, wenn es schwimmt,
das Flugzeug richtig, gut, wenn es fliegt,
der Pharao ist richtig, wenn er weise, gerecht und stark ist
…

Die Richtigkeit ist offensichtlich der gute Zustand – und daher auch der erwünschte Zustand.

2. Die Qualitäten der Richtigkeit

Der Begriff der „Richtigkeit" findet sich in vielen Religionen, wobei für die Umschreibung dieser Qualität verschiedene Vergleiche benutzt werden:

Ägypter:	*ma'at*	(„Mutter")
Sumerer:	*me*	(„Mutter")
Tibeter:	*tashi*	(„glückliches Schicksal")
Navahos:	*ho'zhong*	(„Schönheit")
Römer:	*ritus*	(„Rad")
Inder (alt):	*rita*	(„Rad")
Hethiter:	*aya*	(„Rad")
Perser:	*asha*	(„Rad")
Inder (neu):	*dharma*	(„Versmaß")
Germanen:	*sidr*	(„althergebrachte Weise")
Chinesen:	*tao*	(„Weg")
Kelten:	*fhirinne*	(„Wahrheit")
Slawen:	*prawda*	(„Wahrheit")
Griechen:	*dikaios*	(„Gerechtigkeit")
usw.		

Die Betrachtung dieser verschiedenen Vergleiche hilft, das Wesen der Richtigkeit besser zu verstehen:

Die Umschreibung der Richtigkeit als die „Mutter"-Qualität zeigt, daß die Beachtung der Richtigkeit das Entstehen von Fülle und Geborgenheit bewirkt. Zudem könnte die Richtigkeit ursprünglich als ein Geschenk der Muttergöttin angesehen worden sein.

Die Umschreibung der Richtigkeit als „glückliches Schicksal" zeigt, daß die Befolgung der Richtigkeit dazu führt, daß einem das, was man sich vornimmt, gelingt und daß man glücklich wird.

Die Umschreibung der Richtigkeit als „Schönheit" zeigt, daß durch die Richtigkeit alles Teile eines Ganzen miteinander in Harmonie stehen. Das bedeutet wiederum, daß sich alle Teile eines Ganzen selbstähnlich sind, da.h. nach demselben Grundprinzip konstruiert sind.
Dieses Prinzip der Selbstähnlichkeit ist ein Element aller lebendigen Dinge: Jedes Lebewesen hat sein Horoskop und folglich seinen Charakter, der sich in jedem

Körperteil und jeder Verhaltensweise wiederfindet. Daher stimmt das Horoskop auch mit der Iris-Diagnose, mit den Handlinien, mit den Fußreflexzonen, mit dem Zustand der Akupunkturpunkte usw. überein.

Man kann sogar die Fraktale aus der Mathematik zu dieser Schönheit rechnen, da auch sie selbstähnlich sind, da sich jede Form in einem Fraktal, wenn man ausreichend weit ins Detail geht, im ganz Kleinen wiederholt.

Die Richtigkeit ist also die Harmonie zwischen den Teilen eines lebendigen Ganzen.

Im weiteren Sinne ist die Schönheit auch die Harmonie zwischen einem Menschen und seiner Umwelt. In diesem Sinne ist diese Schönheit derzeit im Verhalten der Menschheit als Ganzes dringend notwendig, damit wir nicht durch Atombomben, Überbevölkerung, Artensterben, Umweltverschmutzung, Klimaerwärmung usw. die Erde unbewohnbar machen.

Die Umschreibung der Richtigkeit als „Rad" zeigt, daß es jedes Ding eine Idealform haben kann – so wie ein Rad rund sein sollte.

Weiterhin zeigt die Umschreibung der Richtigkeit als „Rad" auch, daß die Richtigkeit auch einen zeitlichen Aspekt hat, d.h. einen Rhythmus, also die regelmäßige Wiederkehr des Früheren. Dieser zeitliche Aspekt zeigt sich vor allem im Jahreslauf, der die Landwirtschaft mit ihrem Aussaat-Terminen und Ernte-Terminen prägt. Die Richtigkeit ist auch ein Zyklus.

Die Umschreibung der Richtigkeit als „Versmaß" zeigt, daß in einem auf die richtige Weise erschaffenen Ding die Teile dieses Dinges miteinander in Resonanz stehen. Die Lyrik beruht schließlich darauf, daß sich Elemente wiederholen und dadurch miteinander klingen: durch dasselbe Versmaß, durch denselben grammatischen Aufbau eines Satzes, durch gleiche Anfangsbuchstaben (Stabreim), durch einen Reim am Vers-Ende, durch die Wiederholung einer Aussage mit anderen Worten usw.

Diese Resonanz führt dazu, daß die Teile des Ganzen miteinander schwingen und auf diese Weise ein lebendiges Ganzes bilden. Das findet sich dann in einem Lebewesen als Pulsschlag, Atem, EEG-Frequenzen, der Wechsel von Wachen und Schlafen usw. wieder.

Der als „Versmaß" umschriebene Resonanz-Aspekt der Richtigkeit läßt aus einzelnen Elementen ein Lebewesen werden – die Resonanz der Teile eines Ganzen miteinander ist ein wesentliches Merkmal von allem Lebendigem.

Aus diesem „lebendigem Schwingen" ergibt sich eine weitere Eigenschaft, die sich aus dem Befolgen der Richtigkeit ergibt: die Elastizität. Diese Qualität kann man z.B. bei einer springenden Katze beobachten. Wenn eine Sache diese Elastizität und Eleganz hat, befindet sie sich in dem Zustand der Richtigkeit, dann ist sie „in Ma'at".

Die Umschreibung der Richtigkeit als „althergebrachte Weise" zeigt, daß sich aus der Beachtung der Richtigkeit ein komplexes Verhalten ergibt, daß sich aus der Gesamtheit aller sinnvollen Verhaltensweisen ergibt: die Tradition, die durch den Kult lebendig und in allen bewußt erhalten wird.

Diese Tradition ist solange die sinnvolle Richtschnur, wie man nicht ein Verhalten entdeckt, daß noch sinnvoller ist, also noch eine effektivere Form der Richtigkeit ausdrückt. Die Tradition, die sich aus dem Befolgen der Richtigkeit ergibt, ist also nicht starr, sondern entwicklungsfähig.

Die Richtigkeit ist somit nicht festgelegt, sondern ist etwas, das wachsen und sich verändern kann.

Die Umschreibung der Richtigkeit als „Weg" zeigt, daß die aktuelle Version der Richtigkeit der effektivste Weg ist, um etwas zu tun: Der „Weg" ist die „Tradition".

Die Umschreibung der Richtigkeit als „Wahrheit" stammt aus der Zeit, als das jungsteinzeitliche Weltbild, das sich um die Richtigkeit herum gebildet hatte, allmählich von dem Prinzip der Zentrierung, die das Königtum, den Monotheismus und die Philosophie geprägt hat, abgelöst worden ist.

Die Wahrheit ist die Betrachtung der Richtigkeit als etwas Ewiges, Allgemeingültiges, Unveränderliches, Festes.

Die Umschreibung der Richtigkeit als „Gerechtigkeit" stammt aus derselben Zeit wie die „Wahrheit". Das richtige Handeln, das sich aus der Einsicht in die Situation ergibt, wurde durch die Gerechtigkeit abgelöst, d.h. durch ein Handeln, daß sich an Gesetzen, die immer und für alle gleich sind, orientiert.

- - -

Die Richtigkeit ist folglich ein Geschenk der Muttergöttin, sie bringt Fülle und Geborgenheit und Erfolg, sie zeigt sich in der Selbstähnlichkeit der Teile eines lebendigen Ganzen sowie in der Harmonie und der Resonanz zwischen diesen Teilen, und zeigt sie sich auch noch schließlich in dem rechten Maß und der rechten Form und dem rechten Zeitpunkt der Dinge. Daraus ergibt sich die Tradition, d.h. das Wissen über die effektive und daher sinnvolle Art und Weise, etwas zu tun.

3.   Die Störung und die Wiederherstellung der Ma'at

Die Richtigkeit und ihre Störungen und auch die Auswirkung sowohl der Richtigkeit als auch der Nicht-Richtigkeit werden bereits in den alten Kulturen beschrieben.

a)   Die Störung der Richtigkeit

Bei den Ägyptern gab es nicht nur die Richtigkeits-Göttin Ma'at, sondern auch ihr Gegenstück, die Göttin Isfet. Sie stellt die Nicht-Richtigkeit dar, also die Störung der Richtigkeit.

Eris, die griechische Göttin des Streits, hat zwar Ähnlichkeit mit Isfet, aber sie wird nicht so klar als Nicht-Richtigkeit dargestellt. Diese Rolle hat eher Pandora, die alles Übel in die Welt gebracht hat. Wie die griechische Bezeichnung „Dikaios", d.h. „Gerechtigkeit" für die Richtigkeit, sind auch Eris und Pandora keine rein sachlichen Beschreibungen der Richtigkeit, sondern schon moralisch-rechtlich bewertende Vorstellungen und Bezeichnungen.

Die Hopi-Indianer haben jedoch einen Begriff, der der ägyptischen Göttin Isfet entspricht: „Koyaanisqatsi". Dieses Wort bedeutet „Leben, das aus dem Gleichgewicht geraten ist" oder „ein Lebens-Zustand, der verändert werden muß".

Solche mythologische Gestalten wie der germanische Loki, der westafrikanische Anase, der Spinnenmann Iktomi der Dakota-Indianer, der Coyote-Trickster der Prärie-Indianer, der europäische Narr usw. sind zwar auch Störer der Ordnung, aber sie haben keinen so engen Bezug zur Richtigkeit wie Isfet und Koyaanisqatsi.

Die Auswirkungen von Isfet und Koyaanisqatsi sind das Gegenteil von dem Guten, das durch die Richtigkeit entsteht: Leid. Buddha hat diese Folge der Nicht-Richtigkeit, also das Leid, in das Zentrum seiner Lehre gestellt – seine Lehre soll daher die Richtigkeit („Dharma") wiederherstellen.

b)   Die Wiederherstellung der Richtigkeit

Wenn die Richtigkeit in einem Menschen oder in einer Gemeinschaft gestört werden kann, liegt es nahe, nach Ritualen zu suchen, die diese Ordnung wiederherstellen.

Auf Hawaii gibt es ein Ritual, das angewendet wird, um einen Streit beizulegen. Dieses Ritual heißt „Ho'oponopono", was wörtlich „Korrektur, Richtigstellung, Wiederherstellung der Richtigkeit" bedeutet. Dieses Ritual, das von einer in diesen

Dingen erfahrenen Person geleitet wird, enthält unter anderem eine ausführliche Aussprache, eine Klärung der Situation und schließlich die gegenseitige Vergebung.

Die Auflösung und Heilung des Nicht-Erkennens der eigenen Richtigkeit, also dss Nicht-Erkennens der eigenen sinnvollen Lebensweise, wird generell durch Meditationen und Mysterien angestrebt, da diese beiden Methoden die Selbsterkenntnis und sekundär auch die Erkenntnis des Wesens der Welt fördern. So empfiehlt z.B. Buddha zur Überwindung des Leides, das die Folge des nicht-richtigen Verhaltens ist, die Meditation.

Die Mysterien als Weg der Selbsterkenntnis sind im Wesentlichen eine Jenseitsrise. Im Gegensatz dazu ist der Sonnentanz, der sich bei vielen Völkern findet, der aber vor allem aus Amerika und Afrika bekannt ist, eine schlichte Konzentration auf die Sonne als Symbol und Analogie zu der Seele des Menschen. Die Seele des Menschen enthält dessen Essenz und ist somit die Quelle der Richtigkeit des Menschen.

Der Sonnentanz ist die dynamische Variante der eher statischen Herzmeditation, die ebenfalls der Bewußtwerdung der eigenen Seele im eigenen Herzchakra dient.

In den frühesten Staaten, d.h. in Ägypten und Sumer, ist die Rechtsprechung noch keine Bestrafung durch festgelegte Regeln, sondern der Versuch der Wiederherstellung der Richtigkeit. Dieser Vorgang hat zwei Aspekte: zum einen die Wiedergutmachung des Schadens und zum anderen ein Ritual, daß dem Störer der Richtigkeit sein Handeln bewußt machen und es ihm ermöglichen soll, in die Richtigkeit und somit in die Gemeinschaft zurückzukehren.

Erst wenn dieses Bemühen zweimal erfolglos bleibt und es einen weiteren Rückfall gibt, wird der Betreffende aus der Gemeinschaft ausgestoßen.

Eine Rechtsprechung, die auf der Ma'at beruht, sucht nach der Wiederherstellung des Friedens und der Schönheit, also letztlich nach einer Heilung. Dazu sucht sie nach kreativen Lösungen, die vielfältig und jedem Fall wieder neu sein können. Durch die Neigung des Königtums, alle möglichen Fälle ein und für allemal zu entscheiden und festzulegen, sind daraus dann die Gesetze geworden, die Abweichungen bestrafen, also letztlich Disziplinierungsmaßnahmen durch Angst sind – also das Gegenteil von der Heilung einer auf der Ma'at beruhenden Rechtsprechung.

Diese „Ma'at-Rechtsprechung" findet sich bei vielen frühen Völkern, die noch in kleinen Gemeinschaften, Stämmen, Sippen o.ä. leben und noch keine hierarchische Ordnung mit einem Führer (Fürst, König) haben. Diese Art der Rechtsprechung wird sehr ausführlich in den germanischen Isländer-Sagas beschrieben: die Thing-Versammlungen.

Generell haben Rituale die Aufgabe, den richtigen Zustand darzustellen bzw. wiederherzustellen und die Ritual-Teilnehmer an diesen Ritualen an die Richtigkeit zu erinnern. Das ist die Essenz des Kultes.

c) Die Wirkung der Richtigkeit

Die Ägypter hatten ein differenziertes Vokabular, um die Wirkungen der Ma'at zu beschreiben. Wenn man dieser Richtigkeit folgte, erlangte man den Zustand des „hotep", den man am ehesten als „Seelenfrieden" übersetzen kann. Dieser Zustand ruft wiederum den Zustand der „reshut" hervor, also die Freude. Die Freude ist das Gegenstück zu dem Leid, das durch Isfet, also durch die Nicht-Richtigkeit, verursacht wird.

Die Entstehung des Hotep wird noch genauer beschrieben. Dieser Vorgang hat drei Schritte:

- Zunächst ist da der Entschluß im Herzen/Herzchakra, der durch den Gott Sia dargestellt wird. Dieser Entschluß sollte im Einklang mit Ma'at stehen.

Den Ägyptern zufolge trägt jeder Mensch eine „Gottheit in seinem Herzen" (ägyptisch: „netjer em ib-i"). „Sia" ist die allgemeine Umschreibung für diese Gottheit, aber jeder Mensch hat eine ganz konkrete Gottheit in seinem Herzen, also Horus, Hathor, Anubis, Sobek, Re, Thoeris usw. Diese „Gottheit im eigenen Herzen" stellt die eigene Grundqualität dar, also den eigenen Anteil an der Ma'at.

Wenn die Ägypter z.B. den Traum eines Menschen gedeutet haben, haben sie zunächst geschaut, welche Gottheit der Betreffende in seinem Herzen trägt, denn z.B. ein Kampf hat für die Kriegsgöttin Sachmet eine völlig andere Bedeutung als für die Hebammengöttin Thoeris.

- Sia gelangt dann vom Herzen in den Mund, wo er zu einem Ausspruch wird, der durch die Gottheit Hu personifiziert wird. Auch Hu sollte im Einklang sowohl mit Sia als auch mit Ma'at stehen.

- Wenn sowohl Sia als auch Hu in Resonanz mit Ma'at stehen, beginnt das gesprochene Wort magisch zu wirken und Wirklichkeit zu werden. Diese magische Wirkung des Einklangs mit der Ma'at wird durch den Gott Heqa dargestellt.

Dasselbe Konzept findet sich auch bei den Chinesen. Dort ist die Richtigkeit an sich das „Tao". Das Nicht-Abweichen von diesem Weg bzw. das Nicht-Stören dieser Verhaltensweise wird „Wu-wei" genannt, d.h. „Nicht-Tun" im Sinne von „den Lebensfluß nicht stören". dieses Verhalten, daß die Richtigkeit aufrechterhält, führt dann zu „Tê", der magischen Wirkung des eigenen Handelns und Sprechens: Die Richtigkeit in einem selber ruft auf magische Weise die Richtigkeit im eigenen Leben hervor.

Auch die Indianer kennen dieses Konzept von „Gedanke, Wort und Handlung", die dann, wenn sie in der Richtigkeit ruhen, eine magische Wirkung haben.

In einem Navaho-Lied, in dem die Richtigkeit mit „Schönheit" umschrieben wird, heißt es:

I walk in beauty before me,
I walk in beauty behind me,
I walk in beauty above me,
I walk in beauty below me,
I walk in beauty all around me,
As I walk my life the beauty way.

My thoughts will all be beautyful – ho!
My words will all be beautyful – ho!
My actions will all be beautyful – ho!
As I walk my life the beauty way
As I walk my life the beauty way.

Derartige Richtigkeits-Lieder sind bei den Indianern, insbesondere bei den Hopis und Navahos, weit verbreitet.

4. Ma'at und Analogien

Aus der Richtigkeit ergibt sich noch eine weitere Qualität, die auf den ersten Blick nicht so offensichtlich ist: die Analogien und ihre Anwendung in der Magie.

Die Richtigkeit ist mit der Selbstähnlichkeit, mit den Rhythmen und mit der Resonanz verbunden. Diese drei Qualitäten lassen sich u.a. auch in der Astrologie wiederfinden:

- Selbstähnlichkeit: Ein Mensch ist in allen seinen physischen und psychischen Teilen von seinem Horoskop geprägt, was bedeutet, daß alle seine Teile dieselbe Qualität haben.

- Rhythmen: Die kreisförmigen Bewegungen der Planeten ergeben auf die Erde bezogen Rhythmen wie den Jahreslauf der Sonne oder wie den Mondzyklus.

- Resonanz: Da alle Teile des Menschen von derselben Qualität (Horoskop und aktuelle astrologische Transite) geprägt werden, stehen sie in Resonanz miteinander, d.h. sie „tanzen denselben Tanz".

Die Astrologie zeigt, daß die Analogien nicht nur ein geistiges Konstrukt sind, sondern daß sie tatsächlich als Zusammenhang existieren: Horoskope funktionieren. Das Horoskop eines Menschen drückt dessen Wesen, Charakter und Lebensstil aus – und somit auch seine Richtigkeit. Man kann die Ma'at zum Teil von dem Stand der Planeten ablesen …

Analogien haben noch eine weitere Wirkung. Zunächst einmal wird die Psyche durch Assoziationen geordnet: Man kann sich erinnern, was man alles mit einer bestimmten Person erlebt hat, was unter anderem das eigene Verhalten gegenüber dieser Person prägt. Dann ist die Psyche aber auch noch durch Analogien geordnet: Gruppen gleicher Dinge, also eine Vielzahl von Bilder, werden zu bestimmten Grundformen zusammengefaßt – z.B. die Bilder der Birke, der Fichte, der Palme, des Thujas usw. zu dem Urbild des Baums.

Diese Urbilder stellen die Essenz der Bäume, der Pflanzen, der Tiere, der Autos, der PCs, der Freundschaft, des Gedeihens usw. dar. Diese Urbilder gibt es für alle Gruppen von gleichartigen Dingen. Aus diesen Urbildern entstehen auch eine große Anzahl von Worten wie z.B. „Schreiner", womit eben nicht der ganz konkrete Schreiner in dem eigenen Dorf gemeint ist, sondern eben alle Schreiner. Mit dem Wort „Schreiner" sind dann verschiedene Aussagen verbunden, die eben einen Schreiner ausmachen wie z.B. „Alle Schreiner sind sorgfältig, kräftig und brauchen viel Zeit für ihre Arbeit."

Welche Urbilder jeweils wichtig sind, hängt von der jeweiligen Kultur ab. Die Gesamtheit der Urbilder einer Kultur macht deren Mythologie aus. Nun denkt man bei dem Wort „Mythologie" zunächst einmal an Götter und Helden aus den Geschichten alter und längst vergangener Kulturen, aber auch jede heutige Kultur hat ihre Urbilder, die eine gemeinsame Geschichte erzählen, auch wenn in diesen Geschichten vielleicht Autos statt Pferde, Menschen statt Götter, und die Rettung der Welt statt des Jahreszeiten-Krieges der Götter vorkommen.

Diese Mythologie einer Kulturist die vollständige und meist ziemlich komplexe Form der Ma'at. Die Mythologie zeigt auf der Ebene der Urbilder, wie die Dinge sind, wie sie funktionieren und auch wie sie nicht funktionieren, wenn man sich nicht an die Richtigkeit hält.

Diese Urbilder sind sozusagen „Analogie-Essenzen". Sie bilden die „Sprache der Ma'at".

Meditationen und Mysterienkulte haben das Ziel, den Teilnehmern zu helfen, wieder zu seinem eigenen Urbild, d.h. zu seiner Seele zurückzukehren. Die eigene Seele ist die eigene „Analogie-Essenz".

Die Darstellung einer Analogie durch eine Handlung ist ein Ritual; die Gesamtheit der Rituale ist der Kult; das Wissen um den Kult ist die Tradition.

Es gibt eine ganze Reihe von Systemen, die auf der Analogie-Logik beruhen: die Astrologie; das Tarot, das I Ging, die Geomantie und auch alle anderen Orakel; Mandalas, der kabbalistische Lebensbaum usw.

Die praktische Anwendung dieser Analogie-Ordnung in der Welt, durch die Gleiches mit Gleichem in Resonanz steht, ist die Magie, die Homöopathie, die Fußreflexzonen-Massage, die Steinheilkunde, die Bachblüten-Therapie usw. Die Formulierung des Zusammenhanges ist immer wieder ein bißchen anders, aber sie drückt immer aus, daß Dinge, die in Analogie zueinander stehen, sich in derselben Weise entwickeln: Gleiches wirkt auf Gleiches; Gleiches heilt Gleiches; Gleiches entwickelt sich gleich; Gleich und Gleich stehen im Einklang miteinander; usw.

Bei genauerer Betrachtung findet sich die Analogie an vielen Stellen wie z.B. in der Musik in dem Aufbau der zwölf Grundtönen, in den Akkorden, in der Wiederholung von Themen usw.

Auch in der Mathematik ist die Analogie ein zentrales Element: Die beiden Seiten links und rechts des Gleichheitszeichens sind stets gleich. Mathematiker und Physiker haben schon früh festgestellt, daß in dem Fall, daß man ein Phänomen auf mehrere Weisen beschreiben und erklären kann, die einfachste Variante wahrscheinlich die richtige Beschreibung ist. Insbesondere in der Mathematik hat sich inzwischen auch die Erkenntnis breitgemacht, daß es bei der Suche nach dem richtigen mathematischen Modell sinnvoll ist, sich von der „Eleganz" der verschiedenen möglichen Modelle leiten zu lassen: Das eleganteste Modell ist in aller Regel auch das richtige

Modell. Dieser Begriff der „Eleganz" aus der Mathematik entspricht genau dem Begriff „Schönheit", mit dem die Navahos die Richtigkeit beschreiben.

Der bekannteste Fall für eine sehr grundlegende und zugleich schlichte und daher schöne Formel ist sicherlich Einsteins „$E = m \cdot c^2$".

5. Ma'at und Seele

Die Quelle und auch die Zusammenfassung der Richtigkeit eines Menschen ist dessen Seele, die sozusagen die „Eichel" ist, aus der heraus der konkrete Mensch als „Eiche" entstanden ist. Wenn man die Eiche verstehen will, sollte man die Eichel betrachten – entsprechend ist der Kontakt zur eigenen Seele der einfachste und direkteste Weg, sich selber zu verstehen.

Wenn man im Einklang mit der eigenen Seele, d.h. mit der eigenen Richtigkeit lebt, wird das Leben einfach, da dann die Dinge, die in dem eigenen Leben als Resonanz zu dem eigenen Verhalten entstehen, genau das sind, was man auch haben möchte. Diese Treue zur eigenen Seele ist sozusagen eine umfassende Form der Magie, die – wenn man sie erst einmal erreicht hat – völlig mühelos aussieht. Dabei erscheint die Richtigkeit wieder als Schönheit oder – wenn man so will – als die Eleganz einer springenden Katze.

Die Ma'at erscheint im Menschen als dessen „Gottheit im eigenen Herzen" („netjer em ib-i"). Die Ägypter waren bestrebt, im Einklang mit dieser Gottheit zu leben, da dadurch die Psyche im Einklang mit der Seele steht und sich daher „in Ma'at" und folglich auch in „reschut" (Freude) befindet und das eigene Handeln „heqa" (eine magische Wirkung) hervorrief und daher erfolgreich war.

Die Sumerer hatten ein Sprichwort über diesen Zusammenhang: *„Ohne das eigene Me gelingt einem nichts – mit dem eigenen Me gelingt einem alles."* Das „Me" war für die Sumerer dasselbe wie für die Ägypter die Ma'at: die Richtigkeit in allen Dingen, die Verkörperung der Richtigkeit durch die Götter, und die eigene Richtigkeit, die sich als die eigene Seele zeigt. Zudem haben sowohl das ägyptische „Ma'at" als das sumerische „Me" die Bedeutung „Mutter" im Sinne von „Qualität der Mutter".

Die Qualität der eigene Seele und auch ihres Entschlusses für ihre derzeitige Inkarnation zeigt sich auch noch in drei weiteren Dingen:

- Die Dynamik der Seele erscheint als das eigene Krafttier. Dieses Krafttier ist das Tier, das von seiner Dynamik her dem Wesen und den Absichten der Seele am ähnlichsten ist und daher in Analogie zu der Seele steht und folglich fest mit ihr verbunden ist.

- Die Haltung der Seele erscheint als die eigene Kraftpflanze. Diese Kraftpflanze ist die Pflanze, die von ihrer Haltung her dem Wesen und den Absichten der Seele am ähnlichsten ist und daher in Analogie zu der Seele steht und folglich fest mit ihr verbunden ist.

- Die Struktur der Seele erscheint als der eigene Kraftstein. Dieser Kraftstein ist der Stein, der von seiner Struktur her dem Wesen und den Absichten der Seele am ähnlichsten ist und daher in Analogie zu der Seele steht und folglich fest mit ihr verbunden ist.

- Möglicherweise gibt es auch noch einen Kraftpilz, aber das ist noch weitestgehend unerforscht.

Das Krafttier, der Kraftstein, die Kraftpflanze und möglicherweise auch ein Kraftpilz bilden neben dem Horoskop die differenzierteste Möglichkeit der Darstellung der Ma'at eines konkreten Menschen.

6. Ma'at und Gottheiten

Die Gottheiten sind die wichtigsten Elemente in einem Weltbildes, in dem die Richtigkeit die zentrale Vorstellung ist, denn die Gottheiten und ihre Mythen stellen das richtige Verhalten und auch die Folgen des nicht-richtigem Verhaltens urbildhaft dar.

Ursprünglich ist die Richtigkeit als eine Gabe der Muttergöttin angesehen worden. Deshalb hieß diese Qualität bei den Ägyptern und Sumerern auch „Ma'at" bzw. „Me", was beides „Mutter" bzw. „Mutter-Qualität" bedeutet.

Nach der Gründung des ägyptischen Königreiches, das 1000 Jahre lang das einzige Königreich gewesen ist, das mehr als nur eine einzelne Stadt umfaßt hat, ist die Richtigkeit zu einer Eigenschaft des Sonnengottes geworden, der der König der Götter gewesen ist. Der König – bei den Ägyptern also der Pharao – ist als „Sohn der Sonne" der Erhalter der Richtigkeit auf Erden.

Schließlich gibt es noch die Verwandtschaft zwischen der eigenen Seele und der Gottheit, die denselben Charakter wie die eigene Seele hat – die Schutzgottheit, die von den Ägyptern „netjer em ib-i", also „Gottheit im eigenen Herzen" genannt worden ist.

7. Ma'at und die Epochen

Altsteinzeit

Das zentrale Element der Altsteinzeit ist die Verbundenheit – die Assoziation. Sie zeigt sich vor allem in dem Bild der Mutter bzw. der Muttergöttin als dem wichtigsten integrierenden Element. Das zentrale Ritual ist daher die Schwitzhütten-Zeremonie, die die Rückkehr in den Bauch der Mutter darstellt.

Auch noch heute funktioniert die unterste Organisaionsstufe der Psyche mithilfe von Bildern und erschafft Erinnerungskomplexe Symbole, Träume, „individuelle Mythen" usw.

Diese Epoche entspricht in der Biographie der oralen Phase des Babys: die Geborgenheit bei der Mutter.

Jungsteinzeit

Das zentrale Element der Jungsteinzeit ist die Richtigkeit ist – die Analogie. Durch diese Verallgemeinerung der konkreten Bilder zu Urbildern wurde es möglich, sich in den Gemeinschaften, die nun bis 5000 Menschen umfaßten, weiterhin zu orientieren und die Gemeinschaft zu organisieren. Vorher in der Altsteinzeit lebten nur selten mehr als ein oder zwei Dutzend Menschen zusammen – in dieser Situation war die konkrete Kenntnis aller Mitglieder der Gemeinschaft möglich, also die Assoziation (Erinnerungen).

Aus der Geborgenheit als dem zentralen Wert in dem Assoziations-Weltbildes der Altsteinzeit wurde um 10.000 v.Chr. die Richtigkeit in dem Analogie-Weltbild der Jungsteinzeit. Dabei hat die Richtigkeit zunächst wie die Geborgenheit als „Qualität der Mutter(-göttin)" angesehen worden: „Ma'at" bzw. „Me".

Diese Epoche entspricht in der Biographie der analen Phase des Kleinkindes: die Orientierung an der rhythmischen Ordnung.

Königtum

Um 3150 v.Chr. ist das ägyptische Reich gegründet worden. Mit ihm begann die Epoche des Königtums, des Monotheismus und der Philosophie. Diese neue Weltsicht ist natürlich nicht schlagartig entstanden, sondern hat sich aus der früheren magisch-mythologischen Weltsicht, die von Analogie geprägt ist, heraus entwickelt.

So findet sich die erste Ausformulierung des Monotheismus erst um 1350 v.Chr. bei

Echnaton, während die Philosophie erst um 450 v.Chr. mit Sokrates beginnt.

Die Göttin Ma'at wurde ab dieser Zeit als Tochter des Sonnengottes Re angesehen.

Diese Epoche entspricht in der Biographie der phallischen Phase des Kindes: die Zentrierung auf das eigene Ich.

Materialismus

Die nächste Epoche war der Materialismus, der um ca. 1500 n.Chr. begann. Sie ist durch Analyse, Schlußfolgerung, Erfindung, Technik und Industrialisierung geprägt.

Diese Epoche entspricht in der Biographie der genitalen Phase des Jugendlichen: die Erforschung der Welt und der Beziehungen.

Globalisierung

Seit dem Ende des Zweiten Weltkrieges hat die Epoche der Globalisierung begonnen, nachdem deutlich geworden war, daß die Menschheit sich durch Überbevölkerung, Atombomben, Umweltzerstörung, Klimaerwärmung, Artensterben usw. selber vernichten kann. Angesichts dieser Gefahren war es offensichtlich geworden, daß eine globale Zusammenarbeit notwendig geworden ist.

Diese Epoche entspricht in der Biographie der adulten Phase des Erwachsenen: die Gründung einer Familie.

In der heutigen Zeit zeigt sich die Richtigkeit („Ma'at") vor allem darin, daß es notwendig ist, die Erde für die Menschen in einem bewohnbaren Zustand zu erhalten. Wenn in diesem Punkt keine Richtigkeit in Denken, Sprechen und Handeln erlangt wird, gelangen wir von Ma'at zu Isfet: Dann vernichten die Menschen sich selber. Ohne Ma'at kein Leben.

8.   Handeln in Ma'at

Die Haltung der Ma'at ist sehr individuell und muß in jedem Augenblick neu gefunden werden – sie ist Aufmerksamkeit, Aufrichtigkeit, Freundlichkeit gegen sich und alle Lebewesen, Entschiedenheit und vor allem eine tiefe Bejahung des Lebens. Wenn man eine solche Haltung einnimmt, werden immer mehr „sinnvolle Zufälle" entstehen, die schließlich zu einem mühelosen Handeln führen – die äußere Welt spiegelt den Frieden und die Heilung in der inneren Welt wider. Dies kann man auch als eine fortgeschrittene Form der Magie auffassen: Die Heilung der inneren Zustände verursacht auch eine Heilung der äußeren Lebensumstände.

II   Die Göttin Ma'at

Die Richtigkeit ist ein allgemeines Konzept, das sich bei allen frühen Kulturen mit einem magisch-mythologischen Weltbild findet. Trotzdem gibt es natürlich überall verschiedene Ausprägungen und Schwerpunkte in der Beschreibung dieser grundlegenden Qualität.

Im Folgenden wird nun der spezielle Charakter der Richtigkeit bei den Ägyptern, also die Ma'at, dargestellt.

1.   Das Aussehen der Ma'at

Die Ma'at als das Konzept der Richtigkeit wird durch eine Straußenfeder dargestellt.

Die Ma'at als Göttin wird als stehende oder sitzende Frau mit einer Straußenfeder auf dem Kopf abgebildet.

Wie alle Göttinnen wird sie oft auch mit einem Ankh und einem Lotusstab dargestellt. Diese beiden Gegenstände sind einer der „bildhaften Sätze", die bei den Ägyptern so beliebt waren:

- Das „ankh" ist ein Sandalenriemen, dessen Name im Ägyptischen dieselben Konsonanten wie das Wort für „Leben" hat.

- Der Lotus bzw. der Lotusstab heißt im Ägyptischen „di", was wiederum gleichlautend mit dem ägyptischen Verb „di" für „geben „ ist.

- Folglich bedeuten der Lotusstab und das Ankh in den Händen einer Göttin daß sie eine „di·ankh" ist, also eine „Lebens-Geberin", also eine „Lebensspenderin".

- Ma'at mit Shu-Feder auf dem Haupt sowie Ankh und Lotusstab in den Händen -

Die Feder steht sehr wahrscheinlich als Teil für das Ganze, also für den Vogel Strauß oder allgemeiner für einen Vogel. Diese Vermutung wird dadurch bestätigt, daß die Göttin manchmal auch mit zwei Flügeln an ihren Armen erscheint. Ma'at ist also eine Vogel-Göttin.

Auch der Luftgott Shu trägt die Straußenfeder als Zeichen. Hier ist anscheinend die Luft als das „Element der Vögel" aufgefaßt worden – die Feder ist das Symbol der Luft. Shu wurde daher in einigen wenigen Fällen auch als der Bruder der Ma'at angesehen – beide waren mit den Vögeln und der Luft verbunden.

Das ägyptische Wort „shu" hat die Bedeutungen „Luft, Feder, emporschweben", was der eben genannten Luft/Feder-Symbolik entspricht. Da die Luft auch das Element ist, in der sich das Licht bewegt, hat „shu" auch noch die Bedeutungen „Licht, Schatten".

Ein Vogel in einer Mythologie ist so gut wie immer ein Seelenvogel. Dieses weltweit verbreitete Motiv ist als Umschreibung der Astralreise entstanden, bei der man seinen physischen Leib mit seinem Astralkörper (also mit Bewußtsein und Wahrnehmungsfähigkeit) verläßt und dann über dem eigenen physischen Körper schwebt. Bei der Astralreise ist man „wie ein Vogel".

Die Ankunft der Toten im Jenseits stellte man sich in so gut wie allen frühen Mythologien als eine Wiedergeburt durch eine Muttergöttin vor. Offenbar ist Ma'at ursprünglich diese Muttergöttin im Jenseits gewesen, die die Seelenvögel der Toten wiedergebiert.

Die Göttin Ma'at entspricht daher der Göttin Hathor, deren Name „Haus des Horus" bedeutet, wobei „Haus" sowohl der Himmel ist, an dem der Falkengott Horus fliegt, als auch der Schoß der Hathor, der den Horus wiedergebiert.

Auch Isis ist solch eine Göttin – auch sie ist die Mutter des Falkengottes Horus.

Schließlich gibt es noch die Geiergöttin Mut, deren Namen „Mutter" bedeutet. Sie ist offenbar auch die Mutter in Geiergestalt und die Mutter der Geier.

Während der Falke der kriegerische Seelenvogel und daher der Seelenvogel des Pharaos ist, ist der Strauß ein in kleinen Herden lebender Vogel: die Gemeinschaft der Ahnen. Auch der Ibisgott Thot ist solch ein Seelenvogel-Gott.

Die aus Ägypten und Mesopotamien bekannte Flügelsonne ist die Verbindung des Sonnen-Symbols mit dem Seelenvogel.

Diese Kombination von Sonne und Seelenvogel findet sich auch bei dem Phönix, der auf ägyptisch „benu", also „Aufsteigender, Emporfliegender" heißt. Der Phönix ist der Seelenvogel der Sonne, der morgens in dem Feuer des Morgenrots von der Muttergöttin wiedergeboren wird und dann am Himmel aufsteigt. Dies ist eine Wiedergeburt und nicht nur eine Geburt, da die Sonne am Abend stirbt und dann durch die Unterwelt reist. Die Symbolik der Asche, aus der der Phönix wiedergeboren wird, stammt aus der Vorstellung des Abendrots als eines Feuers, in der die Sonne verbrennt.

In den frühsten ägyptischen Darstellungen erscheinen die Seelenvögel der Ahnen als Reihen von Flamingos. Sie sind Vögel – Seelenvögel. Sie stehen in Gruppen – die Gemeinschaft der Ahnen. Sie stehen im Wasser – die Wasserunterwelt. Und sie sind rot – die Farbe des Blutes und des Lebens.

Dieses Motiv der Vogelgöttin läßt sich weit zurückverfolgen – sie erscheint bereits um 7000 v.Chr. in der Türkei in den Tempeln von Çatal Höyük als Geier und um 10.000 v.Chr. in den Tempel von Göbekli Tepe als Geier mit der Sonnenscheibe (woraus dann später die Flügelsonne geworden ist). Sie war damls die Sonnenmutter.

Die Kombination von Geier und Muttergöttin findet sich bei den Ägyptern bei der Geiergöttin Mut, deren Name „Mutter" bedeutet. Die Geierhaube, d.h. der Balg eines Geiers, war ein Abzeichen der Mut, der ägyptischen Königin und manchmal auch von anderen Muttergöttinnen als Mut wie z.B. Ma'at oder Isis.

Ma'at wurde auch mit der Uräus-Schlange dargestellt. Die Uräus-Schlange ist eine der vielen Varianten der Ahnen-Schlange in der Unterwelt. Die Schlange ist zum Totengeist-Symbol geworden, weil die Toten in der Erde begraben wurden und die Schlangen oft in Felsspalten und Erdhöhlen ruhen.

Die Schlange ist bereits in der frühen Jungsteinzeit auch als Symbol für den Jenseitsweg benutzt worden und schließlich für alles Gute, was von unten her aufsteigt, insbesondere der Segen der Ahnen und die Kundalini.

Die Uräus-Schlange an der Stirn des Pharaos, des Osiris und der Ma'at sind also ein Hinweis auf deren Bezug zum Jenseits und evtl. auch zur Kundalini.

Die Göttin Ma'at erscheint manchmal auch als zwei Göttinnen, die dann u.a. den Göttinnen-Schwestern Isis und Nephthys oder auch Seshat und Mafdet entsprechen.

Diese Doppelgestalt ist eine alte Symbolik, die auch schon bei den steinernen Totempfählen von Nevali Cori in Nord-Mesopotamien in der Nähe von Göbekli Tepe erscheint, die um ca. 8500 v.Chr. erschaffen worden sind. Auf ihnen sind zwei Frauenköpfe, die in entgegengesetzte Richtung blicken, abgebildet. Die Säule mit den zwei Frauenköpfen ist auch das älteste Kultsymbol der Göttin Hathor. Diese Symbolik reicht bis in die Epoche der Höhlenmalereien in der späten Altsteinzeit zurück, in der die Muttergöttin manchmal wie auf einer Skatkarte zweifach dargestellt worden ist.

Diese beiden Seiten der Göttin werden das Diesseits und das Jenseits, also Leben und Tod, Erde und Unterwelt sein.

Die zweifache Ma'at wurde „Ma'ati" genannt. Die Endung „-i" ist die grammatische Dual-Endung, die an alle organischen Zweiheiten angefügt wurde wie „zwei Augen", „zwei Arme", „zwei Horizonte" (Sonnenaufgangs-Punkt und Sonnenuntergangs-

Punkt) und eben auch die „zwei Welten" (Diesseits und Jenseits), die durch die Muttergöttin im Diesseits und im Jenseits (Geburt und Wiedergeburt) verkörpert wurde.

Das Symbol, d.h. die Hieroglyphe „ma'at" und auch die Göttin Ma'at sind in Ägypten so oft dargestellt worden, daß es unmöglich ist, hier alle Bilder aufzuführen.

Die folgenden Beispiele sind thematisch geordnet, damit ihre Symbolik leichter erfaßbar wird.

Ma'at in Schriftzeichen

Ma'at mit Feder und Ankh

Ma'at mit Feder und Ankh, darüber die Sonnenscheibe (die Sonnenscheibe wird manchmal abgeplattet dargestellt, da sie direkt über dem Horizont durch die Lichtbrechung auch so aussieht – es ist also die auf- oder untergehende Sonne)

Ma'at in Schriftzeichen

*Ma'at mit Feder und Ankh,
darüber die Sonnenscheibe*

Ma'at mit Feder und Ankh

Statuetten der Ma'at

Ma'at

Ma'at

Ma'at

Ma'at

*Ma'at mit Feder und
Uräus-Schlange
(Kundalini)*

*Ma'at mit Feder und
Uräus-Schlange
(Kundalini)*

Statuetten der Ma'at

Ma'at

Ma'at

Ma'at

Ma'at mit Uräus-Schlange

dieselbe Statuette wie links

Ma'at mit Uräus-Schlange

Reliefs der Ma'at

Ma'at mit Ankh

Ma'at mit Ankh

Ma'at in Tempeln und Gräbern

Ma'at   Ma'at

Ma'at mit zwei Ankhs und vier Shu-Federn

Ma'at mit Was-Szepter

Ma'at mit Lotus-szepter (rechts Mitte); links ist die Krone des Osiris zu sehen

Ma'at neben dem opfernden Toten

*Ma'at mit Lotusstab; Re mit Falkenkopf
und Was-Szepter („Macht")*

*links Horus, Mitte Pharao, rechts Ma'at;
sie segnet den Pharao mit einem langen
Leben (auf dem Stab in ihrer rechten
Hand sind die Lebensjahre verzeichnrt)*

segnende Ma'at mit Geierhaube

der Pharao opfert Ma'at, die ein Ankh
und ein Was-Szepter hält

Ma'at

geflügelte Ma'at mit Feder; vor ihrer eine Schutzschleife (ursprünglich eine Monatsbinde) für die Namen in der Kartusche; unter ihr ein Korb, der als Hieroglyphe die Bedeutung „alle" hat und daher in Kombination mit Ma'at „jegliche Ma'at" bedeutet, also die Vollständigkeit der hier dargestellten Ma'at symbolisiert

dieselbe Symbolik wie auf dem Bild links

Die geflügelte Ma'at

Ma'at schützt die Namens-Kartusche vor ihr

Ma'at beschützt Osiris

Ma'at schützt die Namens-Kartusche vor ihr

Ma'at mit zwei Federn in den Händen und einer Feder auf dem Kopf, die sich in der Sonnenscheibe befindet und auf den Ma'at-Zustand der Sonne hinweist

Ma'at mit zwei Jahresstäben und einem Ankh

Die geflügelte Ma'at

Ma'at

dieselbe Ma'at wie oben;
sie befindet sich über dem Durchgang in einem Grab

Ma'ati

der Pharao und die zweifache Ma'at („Ma'ati"); die linke Ma'at segnet und beschützt den Pharao, die rechte hält das Ankh („Leben") und den Lotusstab („geben") und ist daher die „Lebensspenderin"

Ma'ati

Ma'at ist lediglich durch ihre zwei Shu-Federn als die zweifache Ma'at gekennzeichnet worden

Ma'ati

zwei Ma'at-Göttinnen mit Shu-Feder in der Hand und einer Shu-Feder in ihrem Stirnband auf dem Kopf, wobei sich diese Feder in der Sonnenscheibe befindet, d.h. daß die Feder der Ma'at der Sonne beschützt

der Pharao opfert eine Ma'at-Statuette, d.h. er bringt die Qualität und den Zustand der Ma'at zu der Gottheit, der er diese Ma'at-Statuette schenkt

der Pharao opfert eine Ma'at-Statuette

Opferung einer Ma'at-Statuette

der Pharao opfert eine Ma'at-Statuette

Ma'at-Pektoral

die Sonnenscheibe in der Sonnenbarke, die „Boot der Millionen Jahre" heißt; in der Mitte die Sonnenscheibe mit dem Sonnengott Amun-Ra auf seinem Thron; rechts davon Hathor, links Ma'at

Ma'at segnet den Pharao

Ma'at im Jenseitsgericht

Ma'at schützt den Totengott Osiris; rechts der Tote und seine Frau

von links nach rechts: Osiris, die vier Horussöhne; das Monster Ammut, das die Sünder verschlingt; der Schreiber-Gott Thot, Anubis an der Waage, Horus, Ma'at, der Tote

Ma'at im Jenseitsgericht

von links nach rechts: der Tote, Horus, Ammut, Thot, Ma'at, Osiris; auf der Waage liegen links das Herz des Toten mit dessen Seele in ihm und rechts die Ma'at (das Herz befindet sich stets auf der Seite, auf der der Tote steht, und die Shu-Feder der Ma'at ist stets auf der Seite, an der Osiris sitzt)

Ma'at im Jenseitsgericht

links der Tote, Thot als Pavian vor der Waage, in der linken Waagschale das Herz, in der rechten Waagschale eine Statuette der Ma'at, links zwei Ma'at-Göttinnen mit je einem Ankh und einer Schlange, die von einer Shu-Feder gekrönt ist (der Tote, der sich in Ma'at befindet)

Ma'at im Jenseitsgericht

links Ma'at, rechts Thot; links neben der Waage Horus (Herz), rechts Anubis (Feder)

links der Tote mit Anubis, dann Anubis, Ammut, Thor; der Tote und Horus; Ma'at befindet sich als Statuette auf der Waage

Ma'at im Jenseitsgericht

oben verschiedene Götter als Gerichts-Beisitzer; unten links der Tote und seine Frau, dann zwei Göttinnen, darüber die Seele des Toten (Vogel mit Menschenkopf), der Tote an der Waage, der Schakalgott Anubis, der Ibisgott Thot, Ammut; Ma'at erscheint nur als die Shu-Feder auf der rechten Waagschale

Anubis prüft, ob die Waage im Gleichgewicht ist, also ob sich das Herz des Toten in Ma'at befindet; in der linken Waagschale das Herz, in der rechten die Shu-Feder der Ma'at; oben auf der Spitze der Waage die Göttin Ma'at; rechts unten Ammut

die geflügelte Isis

Shu (mit Feder) hebt die Himmelsgöttin Nut von dem Erdgott Geb empor – Shu ist der Sohn der beiden; Shu wird fast nur in dieser Szene dargestellt

2. Der Name der Ma'at

Das Adjektiv „ma'a" hat die Bedeutung „wahr sein, wirklich sein, real sein, richtig sein, gerecht sein".

Das Substantiv zu diesem Adjektiv mit der Feminin-Endung „-t" ist „ma'at", das die Bedeutung „Richtigkeit, Wahrheit" hat.

Es gibt etliche Redewendung und Wortbildungen, die von „ma'a" abgeleitet sind und die daher die Bedeutungs-Nuancen von „ma'a" veranschaulichen:

Wortbildungen und Redewendungen		
ägyptisch	*wörtliche Übersetzung*	*Übersetzung*
ma'a	wahr sein, wirklich sein, real sein, richtig sein, gerecht sein	
ma'at	Richtigkeit, Wahrheit, Recht, die Göttin Ma'at	
ma'ati	zweifache Wahrheit, die Göttin Ma'at	
ma'aty	in Ma'at sein	gerecht, rechtschaffen, richtig, vor Gericht freigesprochen
en wen ma'a	im Wesen der Ma'at	in Wirklichkeit
em wen ma'a	im Wesen der Ma'at	in Wirklichkeit
bu ma'a	Ort der Wahrheit	Wahrheit, Richtigkeit, Recht
ma'a-kheru	mit wahrer Stimme	freigesprochen, gerechtfertigt, sekundär auch „verstorben"
s-ma'a-kheru	Kausativ zu „ma'a-kheru"	freisprechen, Recht geben, siegreich machen
s-ma'a-kheru r	in Ma'at sein in Bezug auf	siegreich über (Feinde)
ma'a (mit Papyrusrollen-Determinativ)	die Qualität der Ma'at herstellen	geopfert bekommen
ma'au (mit Papyrusrolle)	Plural zu ma'a	Opfergaben, Tribute
s-ma'a (mit Papyrusrolle)	Kausativ zu „ma'au"	opfern

Der Ursprung des Wortes und des Namens „Ma'at" ist das Wort „Ma" für „Mutter. Dies ist das einfachste aller Worte: mit geschlossenem Mund einen Laut von sich geben („m") und dann den Mund öffnen, damit der Ton lauter wird („a"). Daher ist „Ma" ein Ruf – und der einfachste Ruf ist auch der Ruf nach dem Wichtigsten, also der Ruf nach der Mutter. Daher findet sich das Wort „Ma" für „Mutter" in fast allen Sprachen, wobei es teilweise weiterentwickelt worden ist; Ma, Mama, Mater, Mutter, Me, Na, Ana, Anna usw.

Die Verdoppelung von „Ma" in „Mama" ist eine sehr alte Methode, mit der man aus einem Verb oder Adjektiv ein Substantiv bilden kann. Das „-ter" in „Mater" und „Mutter" ist eine indogermanische Nachsilbe mit der Bedeutung „diese".

Es gibt auch eine sehr alte Ableitung von dem Wort „Ma", die bis mindestens zu dem frühen Homo sapiens zurückreicht: Sie besteht aus „Ma" für „Mutter" und aus „lik" für „lecken, saugen, trinken". Daher ist „malik" und seine Varianten in sehr vielen Sprachen das Wort für „säugen, stillen, Milch". Im Deutschen stammen „Milch" und „Molke" von „malik" ab.

Die ursprüngliche Aussprache von „Ma'at" ist „Mua'at" gewesen. In der Spätzeit, also in der koptischen Sprache, ist das „-t" der Feminin-Endung fortgefallen und das „a'a" hat sich zu einem „e" verflacht, wodurch das Wort „Me" entstanden ist.

Auf dieselbe Weise ist bereits um 3000 v.Chr. auch bei den Sumerern das Wort „Me" für „Mutter, Richtigkeit, Seele" entstanden.

Im Sumerischen zeigt sich deutlich, daß der persönliche Anteil an der Ma'at in der eigenen Seele liegt – auch bei den Ägyptern wird im Jenseitsgericht das Herz gegen die Ma'at-Feder gewogen. Sowohl die Ma'at selber als auch die Seele sind wiederum von der Mutter, d.h. von der Muttergöttin geboren worden, die daher bei den Ägyptern eben „Ma'at", d.h. den Namen „Mutter" trägt.

Das Wort „ma'a" schreibt sich mit einer Sichelbug-Hieroglyphe, die den Lautwert „ma" hat und mit der Podest-Hieroglyphe, die den Lautwert „ma'a" hat. Solche Doppelt-Schreibungen von Lauten finden sich des öfteren in ägyptischen Worten.

Der Sichelbug ist der sichelförmig gebogene Bug der ägyptischen Schiffe, die aus Papyrus hergestellt wurden.

Wenn die Sichel mit dem Auge kombiniert wird, ist das Verb „sehen" gemeint (ägyptisch: „maa").

Der Begriff „ma'a-hkeru" („mit wahrer Stimme") wird mit der Kombination von Podest („ma'a") und Ruder („kheru") geschrieben.

Abstrakte Begriffe wurden in Ägypten mithilfe von Worten geschrieben, die man bildhaft darstellen konnte und die denselben Lautwert wie das abstrakte Wort hatten. So wurde z.B. auch „Leben" mithilfe eines Sandalenriemens dargestellt – beide Worte lauteten „ankh".

3. Das Alter der Ma'at

Das Wort „Ma'at" ist seit den frühesten Texten belegt. In der 1. Dynastie findet sich „Ma'at" bereits in Personennamen. „Ma'at" muß daher ein wichtiger, positiver Begriff gewesen sein, da die ägyptischen Namen seinem Träger einen Segen geben sollten. So hat z.B. der sehr alte Name „Ni-ma'at-hapi" die Bedeutung „Möge er die Ma'at des Nilgottes Hapi erhalten"

Ab der 5. Dynastie erscheint „Ma'at" auch als eigenständiges Wort und weiterhin auch in Personennamen.

Die frühen Ma'at-Heiligtümer sind meist an die Tempel der Hathor oder Isis oder anderer wichtiger Muttergöttinnen angeschlossen gewesen. Das zeigt, daß die Ma'at (deren Name ja „Mutter" bedeutet) als ein Aspekt der Muttergöttin angesehen wurde.

Der erste eigenständige Tempel, der der Ma'at geweiht ist, stammt aus dem Neuen Reich (ca. 1350 v.Chr.) und wurde von Amenophis III in Karnak erschaffen. Einige Inschriften zeigen jedoch, daß es schon vorher u.a. in Memphis und Deir el-Medina Ma'at-Tempel gegeben haben muß.

Ma'at wurde erst ab der Mitte des Alten Reiches, also ab ca. 2500 v.Chr., als Göttin dargestellt. Die Symbolik der zweifachen Göttin, die mit der Geburt im Diesseits und der Wiedergeburt im Jenseits verbunden ist, reicht jedoch – wie Gravuren und Statuetten aus dieser Zeit zeigen – mindestens 20.000 Jahre weit bis in die späte Altsteinzeit zurück.

Das Ordnen der Welt mithilfe von Analogien und somit mithilfe der Richtigkeit ist eine Entwicklung der frühen Jungsteinzeit und reicht somit bis ca. 10.000 v.Chr. zurück.

Da die Ägypter und die Sumerer, also die beiden Völker, die als erste eine Schrift erfunden haben, die Qualität der Richtigkeit (ägyptisch: „ma'at"; sumerisch: „me") nach dem Wort „ma" für „Mutter" benannt haben, ist die Richtigkeit folglich auch schon vor dem Auftreten der Ma'at als Göttin mit der Muttergöttin verbunden gewesen.

Die Göttin Ma'at ist lediglich die Verkörperung, Darstellung und Betonung dieses Aspektes der Muttergöttin, aber keine neue Eigenschaft der Muttergöttin – auch die Göttinnen Hathor, Isis, Mut usw. haben die „Ma'at" als Eigenschaft.

Vermutlich ist die „Richtigkeit" der Jungsteinzeit eine Weiterentwicklung der „Geborgenheit" der Altsteinzeit – beides sind zentrale Eigenschaften und Geschenke der Muttergöttin.

4. Die Entwicklung der Ma'at

Die Ma'at ist das Ordnungsprinzip der Jungsteinzeit: der Vergleich, die Analogie, das Urbild, der Zyklus, die endlose Folge von immer denselben Phasen, das gemeinsame Handeln der Gemeinschaft, die Kooperation, die Analogie-Magie, die Entsprechungen usw.

Die Ma'at wird jedoch in Ägypten erst in der Epoche des Königtums durch die Erfindung der Schrift sichtbar. Die Prinzipien des Königtums sind jedoch der König, der Göttervater, der Monotheismus, die Philosophie, die Zentralisierung, die Hierarchie, die Steuerung des Gesamten von der Spitze her, die Weisungsbefugnis der Übergeordneten, die Verwaltung, das Formular usw.

Das zentrale Element in diesem Weltbild ist die Koordination des Ganzen von einem Zentrum aus – dies kann der König im Staat, der Eine Gott in der Religion, die Erste Ursache in der Philosophie, das Ich in der Psyche usw. sein.

Ägypten ist das erste und älteste Königreich auf der Erde und es hat ungefähr 1000 Jahre gedauert, bis die indogermanischen Hethiter in der heutigen Zentral-Türkei ein zweites Königreich gegründet haben.

Das bedeutet, daß es nach der Gründung des Pharaonen-Reiches zunächst einmal nur die Prinzipien der Jungsteinzeit, also die Ma'at gegeben hat – einfach deshalb, weil es vorher noch keine anderen Königreiche gegeben hat. Das einzige, was es anfangs vom Königtum gab, war der König selber und seine Macht, ein großes Gebiet zu lenken und seinen Willen dort durchzusetzen.

Da diese Gesamtkoordination eine deutliche effektivere Bewässerung und somit eine ertragreichere Landwirtschaft ermöglicht hat, führte das Königtum zu einem Reichtum an Nahrung und zu dem Ende von Hungersnöten. Das führte wiederum zu einer allgemeinen Bejahung des Königtums und zu der Stabilisierung dieses Systems. Ägypten hat sogar des öfteren umliegenden Völkern Getreide gesandt, wenn dort eine Hungersnot ausgebrochen war.

Für diese Zentralverwaltung war die Kenntnis der Größe des Landes, der Äcker, die Zahl der Menschen, die Anzahl der Kühe, der Zustand der Bewässerungsgräben usw. notwendig. Um diese Informationen sammeln zu können, wurden die Zahlen, die über „ein Dutzend" hinausreichten, sowie die Schrift erfunden – also das Zählen und das Bezeichnen des Gezählten als die grundlegenden Elemente der Buchhaltung.

Die Situation zu Beginn des ägyptischen Reiches ist also zum einen noch von dem früheren jungsteinzeitlichen Prinzip der Ma'at geprägt und zum anderen von den Neuerungen der Zentralverwaltung des Königtums. Daraus ergibt sich, daß sich die Vorstellungen über die Ma'at im Laufe des 3.800 Jahre lang bestehenden Pharaonenreiches (Gründung des Reiches bis Schließung des letzten Tempels) sehr stark weiterentwickelt haben: Das Analogie-Prinzip der Jungsteinzeit wurde schrittweise zu dem Hierarchie-Prinzip des Königtums.

Alten Reich (ca. 3250-2216 v.Chr.)

Der König ist für die Einhaltung der Ma'at zuständig – vorher war die die gesamte Gemeinschaft dafür zuständig, da es in der Jungsteinzeit noch keine Fürsten gegeben hatte. Da der König nun alles lenkte und bestimmte, war er logischerweise auch für die Einhaltung und für die Aufrechterhaltung der Ma'at zuständig.

Die Ma'at erscheint im Alten Reich als das allgemeine Prinzip der gegenseitigen Hilfe, des Gebens und Nehmens, sowie des Prinzipes, das jede Tat eine ihr entsprechende Antwort hervorruft: Wer anderen hilft, dem wird auch von den anderen geholfen.

Die in der Jungsteinzeit „horizontale Kooperation" zwischen Gleichgestellten wird im Königtum jedoch zunehmend auch zu einer „vertikale Kooperation" zwischen König/Verwaltung und Bauern: Die Untergeordneten folgen den Anweisungen der Übergeordneten, aber die Übergeordneten sorgen auch für das Wohl der ihnen Untergeordneten. Diese Fürsorge können die Untergeordneten auch von den Übergeordneten einfordern. Auf diese Weise bleibt die Ma'at in dem neuen zentralistischen System in leicht veränderter Form weiterhin bestehen.

Wie in der Jungsteinzeit sind die Menschen und die Götter ein Teil der Welt, die sich aus ihrer Eigendynamik heraus entfaltet. Die einzige Änderung in der Götterwelt ist zunächst einmal die Betonung des Sonnengottes als Symbol der zentralen Lenkung und des Königs, den man als „Sohn des Re", also als „Sohn der Sonne" aufgefaßt hat.

Erste Zwischenzeit (2216-2137 v.Chr.)

In dieser Krise des Ägyptischen Reiches geht das Vertrauen in die Ma'at als etwas, was einfach immer „naturgegeben" da ist, verloren. Das führt dazu, daß es nun zu einem bewußtes Ergreifen der Ma'at kommt. Das Ma'at-gemäße Handeln wird nun in Weisheitslehren dargestellt.

Das Neue ist, daß nun nicht mehr alle davon ausgehen, daß sich (wie in der Jungsteinzeit) alle Menschen an die Ma'at halten bzw. daß (wie im Königtum des Alten Reichs) der König die Ma'at jederzeit aufrechterhalten kann und dies auch tut, sondern daß das System des Königtums auch zusammenbrechen kann und daß dann alle gemeinsam durch ihr eigenes an der Ma'at orientiertes Handeln die Ma'at wieder herstellen müssen.

In dieser Krise wurde somit die Selbstverantwortlichkeit bewußter. Diese Neuerung zeigt sich auch darin, daß nun die Vorstellung eines Jenseitsgerichtes entsteht, in dem das Verhalten des Verstorbenen während seines Lebens geprüft wird. Dieses Jenseitsgericht zeigt zum einen die persönliche Verantwortung des Einzelnen, aber natürlich auch die Allmacht des Königs als Richter – und Osiris wurde in dieser Phase zum Jenseits-Richter.

Osiris war der mythische Gründer des ägyptischen Reiches und daher auch der Urahn der Pharaonen. Zudem war er auch der Korngott.

Das jungsteinzeitliche Prinzip, daß jede Handlung eine ihr entsprechende Wirkung hervorruft, ist in Ägypten zum Jenseitsgericht geworden – in Indien hat dieselbe Vorstellung zu dem Prinzip des Karmas geführt.

Mittleres Reich (2137-1648 v.Chr.)

Der Sonnengott Re tritt in der ägyptischen Religion immer mehr in den Vordergrund und die Ma'at wird als Eigenschaft des Re aufgefaßt.

Der Sonnengott als das göttliche Vorbild des Pharaos (der als „Sohn der Sonne" angesehen wurde) übernahm nun die Aufgabe, die Ma'at aufrechtzuerhalten. Der Pharao ist also nicht mehr derjenige, dessen Taten aus seiner eigenen Initiative heraus die Ma'at im Ägyptischen Reich bewahren – der Pharao ist nun der Weisungsempfänger des Sonnengottes. Der Pharao ist somit zu dem Wesir des Sonnengottes auf der Erde geworden.

Zweite Zwischenzeit (1648-1550 v.Chr.)

In dieser zweiten Krise des Pharaonen-Reiches entsteht eine allgemeine Ausrichtung auf die Götter – nicht nur als Orientierung an ihnen und als gelegentliche Bitten an sie, sondern als individuelle Beziehung zu ihnen und als persönliche Begegnung mit ihnen.

Die Götter sind nun nicht mehr Teil der Welt, sondern sie stehen jenseits von ihr, d.h. es ist das Prinzip „Schöpfer und Schöpfung" entstanden. Diese tranzendenten Götter, d.h. vor allem der Sonnengott, haben alle Macht und gestalten die Welt nach ihrem Willen, dem die Menschen vollkommen unterworfen sind. Dadurch wird die Ma'at nun umgedeutet: Zuvor war die Ma'at das, was den Menschen gut tut – nun war die Ma'at das, was der Wille der Götter war.

Daraus ergab sich wiederum, daß die Ma'at nun nicht mehr aus der Einsicht in die logischen Folgen des eigenen Handelns bestand, sondern daß die Ma'at nun vor allem der Gehorsam gegenüber den Göttern war.

Zum einen wurden die Menschen dadurch weniger eigenständig (Unterordnung unter einen Gott), zum anderen wurden sie aber auch gerade eigenständiger (Verantwortung für das eigene Leben). Das, was in dieser Zeit allmählich entstand, ist das Erkennen des eigenen persönlichen Ichs. Dieses Ich war nach dem Sonnengott und nach dem König das dritte Zentrum, daß in der Epoche des Königtums entstanden ist.

Das vierte Zentrum, also die Philosophie, das alle Dinge von einer Ersten Ursache ableitet, ist erst von den Griechen entwickelt worden.

Neues Reich (1550-1070 v.Chr.)

Die Ma'at wird nun vollständig zu dem sich-Beziehen des Einzelnen auf eine Gottheit. Dies ist im Wesentlichen eine vollkommene Unterordnung unter diese Gottheit – wobei der Einzelne dabei natürlich davon ausgeht, daß diese Gottheit dann in ihrer Allmacht auch für den Betreffenden sorgen wird.

In dieser Phase des Ägyptischen Reiches und der ägyptischen Religion ist der Sonnengott und der König als der Sohn des Sonnengottes allmächtig geworden. Das zeigt sich u.a. darin, daß um ca. 1330 v.Chr. der Pharao Echnaton die Sonne zur einzigen real existierenden Gottheit erklärt und damit den Monotheismus begründet hat.

Dritte Zwischenzeit (1070-664 v.Chr.)

In der dritte Krise des ägyptischen Reiches, die deutlich länger als die beiden vorigen Krisen gedauert hat, lösten sich die letzten Reste der jungsteinzeitlichen Weltanschauung auf. Das bedeutet auch, daß die Ma'at nun nicht mehr als „Analogie-Prinzip", sondern als „Hierarchie-Prinzip" angesehen worden ist.

Man faßte die Ma'at zwar noch immer als die „Ordnung der Welt" auf, aber sie ist inhaltlich vollständig umgedeutet worden: Anstelle des „Tun des Effektiven" ist der „Gehorsam gegenüber dem König" getreten.

Spätes Reich (664-332 v.Chr.)

Um 600 v.Chr. sind von China bis Europa gleichzeitig die verschiedensten Mysterien und Weisheitslehren entstanden: Laotse, Konfutse, Buddha, Patanjali, Jaina, Zarathustra, Zalmoxis, die Mithras-Mysterien, die Mysterien von Eleusis, die Mysterien von Samothrake, die Isis-Mysterien, die Mysterien des Sol invictus, die Einweihungsrituale der Kelten und der Germanen usw.

Diese Lehren und Mysterien haben alle das Ziel, den Menschen durch Selbsterkenntnis zu einer bewußten Lebensführung zu verhelfen, durch die sie den bestmöglichen Zustand erreichen können.

Dabei werden zum einen die schamanischen Methoden der Jenseitsreise (Mysterien, Meditation), aber zum anderen auch die analytische Einsicht in die eigene Situation

(Betrachtung von Ursache und Wirkung) verwendet.

Das Ziel dieser religiösen Revolution kann man in dem Satz „Jeder sein eigener König!" zusammenfassen. In dieser Zeit hat sich das Ich des Menschen in kollektiver Hinsicht weitgehend entfaltet und ist stabil geworden.

Die Altsteinzeit entspricht der oralen Phase des Menschen (Geborgenheit: „Ja"), die Jungsteinzeit der analen Phase des Menschen (Unterscheidung: „Nein!") und die Epoche des Königtums und des Monotheismus der phallischen Phase des Menschen (Selbstliebe: „Ich!!!").

Es ist somit kein Zufall, daß sich die Entstehung des Monotheismus (ca. 1330 v.Chr.) und die Eigenständigwerdung des Individuums (ca. 600 v.Chr.) zeitlich so nah beieinander finden: Der Eine Gott im Monotheismus war das Urbild für das Ich in der Psyche.

Erst dieses Ich als fester Standpunkt, von dem aus man sich der Welt gegenüberstellen und sie betrachten konnte, ermöglichte es Sokrates (469-399 v.Chr.) in dieser Zeit, durch eigenständiges Fragen und Betrachten und durch die Zuhilfenahme der Logik die Philosophie zu begründen.

Griechisch-Römische Zeit (332 v.Chr.-395 n.Chr.)

In dieser Phase werden vor allem die verschiedenen Religionen des Mittelmeerraumes miteinander gleichgesetzt und zu einem einheitlichen Bild zusammengefaßt.

Diese Phase endet mit der Erklärung des Christentums zur einzigen Religion im Römischen Reich. Zuvor war innerhalb mehrere Religion ein Gott zu dem Einzigen Gott geworden – nun wurde der Eine Gott der Christen zu dem einzigen Gott der gesamten Welt.

Ende der Ägyptischen Religion (535/537 n.Chr.)

Der letzte ägyptische Tempel war der Isis-Tempel in Philae am oberen Nil. Er wurde um 535/537 n.Chr. von dem römischen Kaiser Justinian I gewaltsam geschlossen und in eine christliche Kirche umfunktioniert. Damit endete auch die kultische Verehrung der Ma'at.

5. Ma'at im Jenseitsgericht

Im Jenseits wurde geprüft, ob der Tote in seinem Leben der Ma'at gefolgt ist oder nicht. Dies geschah, indem man sein Herz gegen die Ma'at-Feder wog.

Diese Methode ergibt sich daraus, daß alle Motivationen und Erinnerungen eines Menschen in dem Herzen, d.h. in seinem Herzchakra liegen. Genaugenommen liegen diese Regungen in der Seele des Toten, die jedoch in seinem Herzen wohnt – das Herzchakra ist der Tempel der Seele. Die Ma'at ist wiederum die Mutter der Seelenvögel, weshalb ihre Feder ein Symbol der Seele sein kann – genau genommen das Symbol einer Seele, die „in Ma'at" gelebt hat.

Die spirituelle Seite der Ma'at zeigt sich daran, daß jeder Ägypter die Ma'at in seinem Herzen als Quelle aller seiner Handlungen tragen wollte und diese Qualität in seinem Herzen eng mit der eigentlichen Natur seiner Seele verbunden ist – sozusagen ihr Leuchten. Diese leuchtende, wahre Natur der Seele zeigt sich auch darin, daß die Ägypter diese Qualität in ihren Herzen die „Gottheit im eigenen Herzen" nannten: Die Seele und ihre Ma'at-Qualität ist immer göttlich. Sie kann jedoch verschiedene Qualitäten haben, was davon abhängt, mit welcher Gottheit die „Gottheit im eigenen Herzen" verwandt ist, aber sie ist immer im Einklang mit der natürlichen Ordnung der Dinge (Ma'at) und sie strahlt in Schönheit.

Wenn die Waage beim Jenseitsgericht im Gleichgewicht blieb, war das Herz offenbar von Ma'at erfüllt – das Herz des Toten und die Ma'at-Feder enthielten dieselben Qualitäten. Es handelt sich hier nicht um eine „Quantitäts-Waage", sondern um eine „Qualitäts-Waage". Wenn die Waage aus dem Gleichgewicht geriet, befand sich das Herz offensichtlich nicht „in Ma'at" und hatte eine andere Qualität als „Ma'at" – dies konnte dann nur die „Nicht-Ma'at", also die „Isfet" sein.

Wenn der Tote X diese Prüfung bestanden hatte, wurde er zu einem „Osiris X" – Osiris ist das Urbild und das Vorbild des wiedergeborenen Toten. Der Tote als „Osiris X" war der von Isfet freigesprochene Tote – er wurde dann nicht von dem Monster Ammut gefressen, sondern wurde in das Jenseits eingelassen. Osiris ist zudem der Richter in dem Jenseitsgericht – er bleibt bei der Gerichtsverhandlung allerdings weitestgehend passiv.

Der Tote wurde von Anubis in die Halle des Osiris geleitet. Das Wiegen der Seele wurde entweder von Anubis oder von Thot überwacht.

Ein wesentlicher Teil der Gerichtsverhandlung sind die 42 Unschuldsbeteuerungen, die der Tote vorträgt. Ägypten ist in 42 Gaue eingeteilt – 21 in Unterägypten (Delta) und 21 in Oberägypten (Niltal). Jeder dieser Gaue entsendet einen Beisitzer, also einen Geschworenen in das Jenseitsgericht.

Als Osiris durch seinen Bruder Seth getötet und zerstückelt worden ist, verstreute Seth die 42 Teile des Osiris – je ein Teil in jeden Gau, sodaß Ägypten insgesamt sowohl der zerstückelte als auch der wieder geheilte Osiris ist – Osiris war auch der Korngott und daher eng mit der Erde selber, also mit dem Land Ägypten verbunden.

Die „42 Deklarationen der Reinheit", die der Tote vorträgt, sind nur lose den 42 Gauen zugeordnet. Sie sind auch keine feststehende Folge, sondern werden jeweils dem Beruf, der Stellung und den Taten des Toten angepaßt – ein Grundstock von Deklarationen bleibt jedoch fast immer gleich.

Manchmal spricht der Tote jede „der (42) verborgenen Ma'at-Gottheiten, die sich von der Ma'at ernähren" direkt an und nennt auch den Gau, zu dem er gehört. Diese Beisitzer sind als „Ma'at-Gottheiten" sehr wahrscheinlich mit der Hauptgottheit des jeweiligen Gaues identisch.

Wenn der Verstorbene das Jenseitsgericht besteht, wird er als „ma'a-kheru" bezeichnet, d.h. wörtlich als „Ma'at-Stimme". Das kann man als „er hat wahr gesprochen" übersetzen. „Ma'a-hkeru" ist in Ägypten auch der juristische Begriff für „Freigesprochener" – in älteren Schriften findet sich auch die Übersetzung „Gerechtfertigter", die ein heute veralteter Begriff für „Freigesprochener" ist. Als „Freigesprochener" wurde der Tote nach der Gerichtsverhandlung in das Jenseits („Aaru") eingelassen.

Die Bezeichnung „ma'a-kheru" wurde dem Namen des Toten nachgesetzt – also „X, ma'a-kheru".

Wenn der Verstorbene das Jenseitsgericht nicht besteht, also von den 42 Beisitzern schuldig gesprochen wird, wird sein Herz und somit auch seine Seele von der Monster-Göttin Ammut verschlungen. Diese Göttin ist sozusagen die Schattenseite der ersehnten guten Jenseitsgöttinnen Hathor, Isis, Ma'at usw. Sie hat die Gestalt eines Nilpferdes mit Krokodilkopf und Löwen-Hinterteil.

Die Halle des Osiris, in der dieses Jenseitsgericht stattfand, wurde auch „Halle der zweifachen Ma'at", d.h. „Halle der zweifachen Wahrheit" genannt. In dieser Bezeichnung erscheint Ma'at als „Ma'ati", was die grammatische Dual-Form von „Ma'at" ist.

In den Abbildungen der Ma'at im Jenseitsgericht sind oft auch zwei Ma'at"-Göttinnen nebeneinander zu sehen. Dieses Motiv geht bis in die späte Altsteinzeit zurück und kennzeichnet „Ma'at" als die Göttin des Diesseits und des Jenseits.

Auch die Göttin Hathor wird manchmal mit zwei Gesichtern dargestellt – also als zweifache Göttin.

Dieselbe Symbolik findet sich auch in den Pyramidentexten bei dem zweigesichtigen Jenseitsfährmann.

Ab dem Mittleren Reich wurde Ma'at als Totengöttin auch „Herrin des Westens" genannt – die Grabstätten lagen auf der West-Seite des Nils, also dort, wo die Sonne unterging und wo sie daher offenkundig das Jenseits betrat. Entsprechend wurden die Grabstätten und die Nekropolen auch als „Wohnsitz der Ma'at" bezeichnet.

Ma'at trug auch den Beinamen „Herrin des Nordwindes". Im Norden steht der Weltenbaum, der wie die Sonnenuntergangs-Insel im Westen ein Tor in das Jenseits ist. Diese West-Insel erscheint auch bei den Kelten als „Avalon" bei den Germanen als „Walaskialf", bei den Griechen als „Atlantis" usw.

6. Ma'at, die Göttin der Richtigkeit

Ma'at ist der Idealzustand, der am Anfang der Zeit von Re-Atum erschaffen worden ist und der das Maß aller Dinge darstellt. Ma'at ist sozusagen das innere Wesen des Gottes Atum, der ganz am Anfang als der Urhügel im Urmeer erschienen ist und später zu der gesamten Erde angewachsen ist, die ringsum vom Meer umgeben ist.

Ma'at wurde mit den Bewegungen der Sonne, des Mondes, der Sterne und dem Wasserstand des Nils (alljährlichen Überschwemmungen) assoziiert. Ma'at war alles Regelmäßige und alles Rhythmische.

Auch der Sonnengott Re ist von seinem gesamten Wesen her Ma'at – wie sich u.a. an seinem regelmäßigen Lauf über den Himmel sehen läßt. Re ist der Erhalter der Ma'at, die ursprünglich seine Mutter („Ma") und ab der 18. Dynastie dann seine Tochter gewesen ist.

Der Pharao ist als „Sohn des Re" ebenfalls eng mit der Ma'at verbunden gewesen. Seine Hauptaufgabe war es, die Ma'at auf der Erde, d.h. in Ägypten aufrechtzuerhalten. Daher wurde der Pharao schon in frühester Zeit „neb ma'at" („Herr der Ma'at") oder „meri-ma'at" („von Ma'at geliebt") genannt. Einige Namen des Pharaos enthalten auch das Wort „Ma'at". Manchmal hält der Pharao als Beschützer und Erhalter der Ma'at eine Ma'at-Feder in seiner Hand.

Ab der 5. Dynastie war der Wesir, der u.a. für die Rechtsprechung zuständig war („Justizminister") ein „Priester der Ma'at".

Verhöre, Gerichtsverhandlungen u.ä. fanden in den Tempeln der Ma'at statt. Die Richter trugen das Bild oder das Symbol der Ma'at in Form einer Kette auf der Brust – vermutlich waren auch sie oft Ma'at-Priester.

Die Hauptaufgabe der gesamten ägyptischen Verwaltung vom König über den Wesir und die Gaufürsten bis hin zum Dorfschreiber war es, die Ma'at zu erhalten. Ein wichtiger Aspekt dieser Aufgabe war es, die Schwachen vor den Starken zu schützen.

Die „Ma'at" verkörpert u.a. auch die Notwendigkeit der gegenseitigen Hilfe in der Gemeinschaft. Durch diese Qualität im gesamten Ägyptischen Reich gedieh die Landwirtschaft so gut, daß es kaum noch Hungersnöte gab. Die allgemeine Kooperation führte zu reichen Ernten, daß die umliegenden Völker wie die Juden (Geschichte des Jakob) oder die Hethiter sich bei Hungersnöten an Ägypten wandten – und auch Hilfe erhielten.

Ma'at ist die Richtigkeit.
Sie ist das Wesen des „netjer em ib·i" („Gottheit im eigenen Herzen").
Im Herzen bildet Ma'at das „sia", d.h. die Entschlüsse.
Diese Entschlüsse werden dann zu „hu", d.h. zu den Worten im Mund.
Durch den Einklang mit der Ma'at erhalten die Worte „heqa", d.h. magische Kraft.

Durch den freien Fluß der Ma'at vom Herzen in die Worte, die sich dann als „heqa" („Magie") manifestiert, entsteht „hotep" („Zufriedenheit, Seelenfrieden").

Dieses „hotep" läßt seinerseits „reshut" entstehen: die Freude. Aus ihr entsteht das Lächeln der meisten ägyptischen Statuen. Dasselbe Lächeln findet sich auch bei Buddha-Statuen.

Die Folge dieser zentralen ägyptischen Begriffe ist:

- *ma'at* = Richtigkeit
- *netjer em·ibi* = Gottheit im eigenen Herzen
- *sia* = Willen, Impuls
- *hu* = Worte
- *heqa* = Magie
- *hotep* = Zufriedenheit, Seelenfrieden
- *reshut* = Freude

7.   Ma'at und die Schreiber

Die Schreiber (ägyptische Gelehrte, Beamte) waren der Ma'at besonders eng verbunden. Diese „Sesh" trugen die gesamte Verwaltung und somit auch einen großen Teil der Verantwortung für die Aufrechterhaltung der Ma'at.

Die Schrift und die großen Zahlen wurden zu Beginn des Königtums als Grundlage der Verwaltung erdacht – ohne sie wäre die komplexe Buchhaltung für das gesamte Königreich nicht möglich gewesen. Die Zahlen und die Schrift wurden also für die Durchführung der regelmäßigen Königreichs-Inventuren erdacht.

Die Schreiber waren auch für die Festlegung der Abgaben an den König für die Gemeinschaftsaufgaben („Steuern") und für die Koordination im Königreich zuständig. Sie schrieben auch die Verwaltungs-Briefe an Untergebene. Weiterhin schrieben die „Sesh" auch die Briefe an Verwandte und Freunde für die Menschen, die selber nicht schreiben konnten. Sie lasen auch denen, die nicht schriftkundig waren, die Briefe, die diese Menschen erhielten, vor. In Ägypten wurden sehr viele Briefe versandt – dadurch wurde der Zusammenhalt des gesamten Landes erst möglich. Der „Sesh" war somit auch der damalige Postbeamte.

Die Schreiber lasen auch die Erlasse des Pharaos öffentlich vor. Weiterhin sandten sie die Klagen, Sorgen und Probleme der Menschen an die höheren Behörden. Außerdem hatten die „Sesh" auch noch die Aufgabe, kleinere Streite zu schlichten und zu entscheiden (Schiedsmann).

In der vor allem auf Ma'at bezogenen Weisheits-Literatur wird immer wieder betont, daß alle Menschen, aber insbesondere der Pharao und seine Verwaltung, also die Schreiber, in ihrem Sprechen, in ihrer Rhetorik, in ihrem Schreiben, in ihrer Arbeit und in ihrem generellen Verhalten der Ma'at folgen sollen.

Ab dem Mittleren Reich (2060 v.Chr.) lernte man nicht mehr bei dem Dorfschreiber, sondern in den Schreiberschulen. Diese „Sesh" waren hauptsächlich Männer, aber es gab auch Frauen, die sich zur Schreiberin ausbilden ließen. Die Lehrer an diesen Schulen waren Priester – in vielen Fällen Ma'at-Priester. Die Schüler lernten im Alter von 5-10 Jahren. Die Grundausbildung, bei der die Schüler im Kreis um den Lehrer saßen, dauerte 4 Jahre. Die höhere Bildung übernahm dann ein persönlicher Lehrer.

Es gab drei Schulfächer:

1. religiöse Texte und Weisheitstexte: Diese Texte wurden gelesen, abgeschrieben und teilweise auswendig gelernt. Sie waren eng mit der Ma'at verbunden.

2. Verwaltung: Zu diesem Fach gehörten Verwaltungs-Texte, Geometrie, Mathematik, Landvermessung, Berechnung von Abgaben und Unterstützungen und generelle Verwaltungs-Vorschriften.

3. Sport und Kunst: Die Jungen hatten zusätzlich Sport und Kampf; die Mädchen hatten zusätzlich Gesang, Tanz und Musik.

Die Schreiber übten sich auch in der Rhetorik: Wenn Redner klare und ausgewogene Argumente vorbringen, praktizieren sie Ma'at – dazu gehört auch die bildhafte Rede, in der Emotionen in einer angemessenen und passenden Weise verwendet werden, die die Dringlichkeit einer Sache verdeutlicht, ohne den Zuhörer durch Propaganda von seinem eigenen Willen abzubringen. Die Rhetorik dient also der Förderung des Verständnisses, der Einsicht und des Entschlusses – die Rhetorik ist eine Gabe der Ma'at.

8. Ma'at und Re

In der schriftlichen Überlieferung erscheint Ma'at zunächst nur als Qualität und erst später im Zusammenhang mit Re auch als Göttin. Allerdings ist aufgrund ihres Namens, der sich wie das gleichbedeutende sumerische „me" von „ma" für „Mutter" herleitet, deutlich, daß Ma'at ein Aspekt der Muttergöttin gewesen ist, der dann verselbständigt worden ist.

Der Sonnengott, der in der Epoche des Königtums zunehmend zu der wichtigsten Gottheit geworden ist, hat eine vielfältige Beziehung zu Ma'at, die sich in etwa wie folgt entwickelt hat:

- Ma'at ist die „Mutter des Re".
- Ma'at ist der „Ka des Re" (sein Lebenskraftkörper).
- Ma'at ist die Uräus-Schlange (Kundalini/Lebenskraft) an der Stirn des Re.
- Ma'at ist das Sonnenauge.
- Ma'at ist die beiden Augen des Re.
- Re lebt von der Ma'at.
- Ma'at ist die Begleiterin des Re in der Sonnenbarke.
- Ma'at ist die „Tochter des Re".

Als sich Re das erste Mal an dem ersten Morgen aus dem Urhügel auf der Urinsel (Hügelgrab) heraus erhob, hat er die Ma'at (Richtigkeit) an die Stelle der Isfet (Unrichtigkeit) gesetzt.

9. Ma'at und Thot

Ma'at und Thot begleiten zusammen den Sonnengott Re in seiner „Barke der Millionen Jahre", die über das Himmelsmeer fährt.

Ma'at wurde manchmal als die Frau des Weisheits- und Schreibergottes Thot angesehen, der auch als der Wesir des Re aufgefaßt wurde.

Thot ist der Gott der Schreiber und er ist der, *„der die Ma'at für alle offensichtlich macht, der mithilfe der Ma'at rechnet, der die Ma'at liebt und der die Ma'at denen gibt, die Ma'at tun."*

In anderen Zusammenhängen wurde auch Seshat, die Göttin des Messens, Rechnens und Schreibens, als die Frau des Thot angesehen. Die Schreiberin-Göttin Seshat und die Panthergöttin Mafdet wurden als die beiden Seiten der Urgöttin angesehen – ähnlich wie die zweifache Ma'at, die zweigesichtige Hathor, Isis und Nephthys sowie noch andere ägyptische Göttinnen-Paare.

10. Ma'at und Isfet

Isfet (Unrichtigkeit) ist die Schwester der Ma'at (Richtigkeit). Sie ist als Konzept und als Göttin erst aus späterer Zeit nachgewiesen.

Die Ma'at muß durch das eigene Verhalten aufrechterhalten werden – sonst wird das eigene Verhalten zu Isfet.

11. Ma'at im Ritual

Redner, Magier und ähnliche Personen malten sich mit grünem Ocker das Ma'at-Zeichen auf die Zunge, damit die Worte, die sie dann sprachen, voller Ma'at und daher auch überzeugend und (magisch) wirksam waren. Dabei wurde grüner Ocker verwendet, weil die Farbe „grün" in Ägypten die Symbolik des Wachsens und des Gedeihens hatte.

Die Pharaonen opferten den Göttern kleine Ma'at-Statuen, um die Ma'at in der Welt aufrechtzuerhalten.

Im Jenseitsgericht war Ma'at die zentrale Qualität, von der das gesamte Geschehen abhing. Diese Notwendigkeit der „Richtigkeit" in dem Gerichtsverfahren, bei dem es um das Weiterleben des Toten im Jenseits ging, ist eine Umdeutung der Wiedergeburt des Toten durch die Göttin im Jenseits.

12. Die Wirkung der Ma'at

Dank Ma'at geht die Sonne auf.

Ma'at macht das Rad rund,
sie stimmt die Harfe,
sie macht die Achse der Töpferscheibe gerade,
sie hält die Sonne, den Mond und die Planeten auf ihrer Bahn,
sie befestigt die Sterne am Himmel,
sie ist die Richtigkeit,
sie ist die Harmonie,
sie ist das Gleichgewicht,
sie ist die Ordnung,
sie ist die Wahrheit,
sie fügt die Teile der Welt in einer Einheit zusammen,
sie ist die Weltordnung,
sie ist das Gesetz,
sie ist die Gerechtigkeit,
sie ist die Moral.

Dank Ma'at ist Leben möglich.

III   Ma'at in der ägyptischen Überlieferung

In der sehr reichhaltigen schriftlichen Überlieferung der Ägypter, die aufgrund ihrer großen Menge noch immer nicht vollständig übersetzt worden ist, findet sich die Ma'at in vielen Zusammenhängen.

In diesem Kapitel finden sich einige Ma'at-Texte, die nach Themen geordnet sind.

1.   Ma'at und Re

Re und Ma'at sind auf eine vielfältige Weise miteinander verbunden. Das Urbild für diese verschiedenen Zusammenhänge ist die allmorgendliche (Wieder-)Geburt der Sonne (Re) durch die Muttergöttin (Ma'at).

a)   Ma'at ist die Mutter des Re

Re erscheint, die Macht des Himmels,
der Eine Gerüstete, der aus dem Ur-Ozean kommt,
Herr der Erscheinung im Innern der Kapelle, der die Finsternis vertreibt,
der auf dem Schoß der Ma'at sitzt,
Liebling der Himmelsgöttin inmitten des Lichtlands!

(aus der „6. Stunde des Stundenrituals")

Da Re „auf dem Schoß der Ma'at sitzt", ist Re hier der Sohn der Ma'at.

Du erscheinst, Du erglänzt auf dem Rücken Deiner Mutter,
Du bist erschienen als König der Neunheit.
Nut erweist Dir die njnj-Begrüßung,
Ma'at umarmt Dich allezeit.
Du durchziehst den Himmel mit weitem (glücklichen) Herzen
... ...
Die Südlichen und die Nördlichen ziehen Dich,
die Westlichen und die Östlichen beten Dich an.

(Hymne an Re)

Die Südlichen, Nördlichen, Westlichen und Östlichen sind „alle Lebewesen auf der Erde".

Gegrüßt seist Du, der Du gekommen bist als Skarabäus,
der Du zum Schöpfer der Götter geworden bist!
Du erscheinst, Du gehst auf auf dem Rücken Deiner Mutter,
Du bist erschienen als König der Götter.
Deine Mutter Nut handelt für Dich,
ihre Arme sind in der Begrüßungsgebärde erhoben.
Der Westberg empfängt Dich in Frieden,
Ma'at umarmt Dich allezeit.

(Totenbuch des Ani, Kapitel 29)

Der Skarabäus ist das Symbol der Sonne, der Seele und des Herzens.
„Auf dem Rücken Deiner Mutter" bedeutet, daß Re in seinem Schiff über den Rücken der Himmelgöttin Nut, die über die Erde gebeugt steht, fährt.

Deine Mutter ist Ma'at, Amun,
Dein sie ist nur erzürnt aus Dir hervorgegangen,
um die zu verbrennen, die Dich angegriffen hatten.
Gerecht ist der Eine, Amun – mehr als alle Geschöpfe.

(Papyrus Chester-Beatty IV)

In diesem Text erscheint Ma'at sowohl als Mutter als auch als Tochter des Amun-Re.

b)   Ma'at ist die Grundlage des Re

Re erhebt sich durch die Ma'at.

(ägyptische Redewendung über den Sonnenaufgang)

Ma'at umarmt Dich allezeit in Frieden, Tag für Tag.

(Hymne an Amun-Re-Harachte)

Jenes schöne Wort, das aus dem Munde des Re selber kam:
Sage die Ma'at, tue die Ma'at!

(der redegewandte Bauer)

Ich habe die Ma'at gesehen an der Seite des Re.

(aus dem Reinigung-Ritual des Pharaos
im Abydos-Tempel)

Mögest Du verehrt werden,
den die Göttin Ma'at am Morgen und am Abend umarmt!

(Hymne an Re, wenn er am Osthimmel aufsteigt)

Ich bin gekommen, Dir die Ma'at zu bringen, daß Du von ihr lebst,

(Hymne an Amun-Re-Harachte)

Gepriesen seist Du, o Amun-Re,
Du, der in der Ma'at ruht,
Du, der den Himmel überquert –
jedes Gesicht sieht Dich!

(Hymne an Re, wenn er am Osthimmel aufsteigt)

„Gesicht" ist eine häufige altägyptische Umschreibung für „Mensch".

Die Göttin Nut preist Dich,
und die Göttin Ma'at umarmt Dich allezeit.

(Re-Hymne des König-Schreibers Nekht)

O Osiris Men-Ma'at-Ra, dessen Worte für immer Ma'at sind!

(Pfortenbuch auf dem Sarkophag des Pharaos Seti I)

Der Titel „Men-Ma'at-Ra" des Pharaos Seti I bedeutet „dauerhaft ist die Ma'at des Re".

Dies ist ein Hymnus auf Amun-Re, den Stier in Theben, den erlauchten Gott, der
über die Ma'at zufrieden ist, in jenem seinem Namen „Harachte": ... ...

(Papyrus Stockholm 18566)

Auf einem Bild der Illustration der Jenseitsreise des Re findet sich unter einer Gruppe von zwölf aufrecht stehenden Gottheiten, die die Ma'at-Feder auf ihrem Haupt tragen, die folgenden Inschrift:

Ma'ati-Götter, die die Ma'at tragen

(Pfortenbuch: Die Pforte der Halle des Set-em-Ma'at-ef)

Ma'at am Bug der Barke des Re,
Isis am Bug der Barke des Re,
Hathor am Bug der Barke des Re,
Hu am Bug der Barke des Re,
Sia am Bug der Barke des Re,
Chons am Bug der Barke des Re,
Seth am Bug der Barke des Re.

(Ritual für den Pharao Amenophis I)

Du ißt von Ma'at,
Du trinkst von Ma'at,
Dein Brot ist Ma'at,
Dein Bier ist Ma'at,
Du atmest Weihrauch ein als Ma'at,
die Luft Deiner Nase ist Ma'at.

(Hymne an Re)

Dein ist die Ma'at vor Dir –
Du lebst von ihr Tag für Tag.

(Hymne an Re)

Gegrüßt seit Du, Re, Schöpfer der Menschen, Atum-Harachte!
Einziger Gott, der von der Ma'at lebt,
der das, was ist, machte, und der das Seiende erschuf.

(Hymne an Atum-Harachte)

„Mesperit-ar-Ma'at" ist der Name der Stunde der Nacht,
die den Großen Gott durch seine Lande führt.

(Stundenbuch: fünfte Stunde)

Der „Große Gott" ist der Sonnengott Re.

Dieser Große Gott sagt:

O ihr, erhebt eure Waffen zu euer ... ... Bild,
und beschützt die Stirn der Ma'at,
und verrichtet euer Werk,
damit ich an euch in Frieden
vorübergehen kann.

(Das Am-Duat-Buch)

Der Große Gott ist hier vermutlich Re.

Über eine große Schlange wird gesagt:

Er lebt bei Re jeden Tag,
er reist über jeden Ort der Ma'at in der Duat,
und er ist es, der sich gegenüber des Skarabäus niederläßt.

(Das Am-Duat-Buch)

Die „Duat" ist das Jenseits.
 Vermutlich gehört der Skarabäus zu dem Sonnenaufgang im Osten und die Schlange zu dem Sonnenuntergang gegenüber im Westen.

Amun-Re erscheint über dem Rücken der Erde am Messersee,
der den Himmel überquert am Morgen und Abend.
Leben der Millionen, der über die Ma'at zufrieden ist,
der die Erde erleuchtet und die Finsternis vertreibt.

(„großer, geheimer Hymnus an Amun-Re" aus dem
magischen Papyrus Harris)

Die Majestät des Horus in der Duat spricht zu den Sternen-Göttern:

O ihr, deren Fleisch Ma'at ist,
deren magische Kräfte für euch entstanden sind,
die ihr mit euren Sternen vereint seid,
und die ihr euch für Re am Horizont erhebt,
der jeden Tag in der Duat ist –
O seid in seinem Gefolge
und laßt euch Sterne seine beiden Hände leiten,
sodaß er die schöne Amenti in Frieden durchqueren kann!

(Das Am-Duat-Buch)

Die „Duat" und auch das „Amenti" ist das Jenseits.
Der Sonnengott Re reist des Nachts durch die Sternenwelt.

Der geheime Ba mit widderförmigen Antlitzen,
mit vier Köpfen auf einem Hals,
mit siebenhundertsiebenundsiebzig Ohrenpaaren,
mit Millionen und Abermillionen Augen,
mit hunderttausend Hörnern:
Gekommen ist der Eine Herr, stark an Hoheit,
königlicher als Götter und Menschen;
der erlauchte Falke mit buntem Gefieder,
der Sperber, der über die Ma'at zufrieden ist,
der Skarabäus, der alle Gestalten erschafft,
der geheime Ba unter den Göttern –
er hat die Ewigkeit aufgedeckt,
die unendliche Zeit vorherbedacht,
seine Macht überragt jede andere Macht.

("großer, geheimer Hymnus an Amun-Re" aus dem
magischen Papyrus Harris)

Du richtest den auf, der darniederliegt.
Du ißt Ma'at von dem, der sie besitzt,
und Du verjüngst die Nasen mit dem Hauch, der in ihr ist.

(Hymne an Amun-Re-Harachte; Papyrus Leiden 344)

Hier wird eine Szene beschrieben, in der dem Amun-Re-Harachte eine Ma'at-Statuette dargebracht wird. Der Sonnengott ißt natürlich die Statuette oder die Göttin, sondern er nimmt die Ma'at-Qualität, also die von Ma'at geprägte Lebenskraft, die sich in der Statue befindet, in sich auf.

Dieser Große Gott wird von den Göttern der Duat entlanggetreidelt, und die, die Re treideln, sagen:

Wir treideln Re entlang,
wir treideln Re entlang,
und Re folgt uns in die Nut.
O mögest Du die Herrschaft über Dein Gesicht haben,
wahrlich!, mögest Du Dich mit Deinem Gesicht vereinen,
o Re – mit der Hilfe der Ma'at!

(Pfortenbuch: Die Pforte des Sethu)

„Treideln" bedeutet, daß ein Schiff mithilfe von Seilen von Menschen, Pferden, Eseln usw. einen Fluß oder einen Kanal entlang gezogen wird.

Der „Große Gott" ist der Sonnengott Re.

Nut ist die Himmelsgöttin, die auch als Kuh oder als Meer aufgefaßt worden ist. Das dieser Szene zugrundeliegende Bild ist die Sonnenbarke, die über das Himmelsmeer fährt.

Das „Gesicht des Re" ist die Sonnenscheibe.

Die vier Göttinnen, die die Weiße Krone tragen, sagen:

Die, die hier abgebildet sind, sind die,
die die Ma'at voranschreiten lassen,
und die dem Tempel des Re Beständigkeit geben,
wenn Re seinen Ort in der Nut einnimmt;
ihre Seelen gehen weiter in seinem Gefolge,
doch ihre Leiber bleiben an ihren Orten.

(Pfortenbuch: Die Pforte des Am-Netu-ef)

Die Weiße Krone ist das Symbol von Oberägypten und sie ist auch die Krone des Osiris.

Nut ist die Himmelsgöttin.

Anscheinend stehen die Statuen („Leiber") dieser vier Göttinnen in einem Tempel („Ort"), von dem aus ihre Seelen ausziehen, um Re bei seiner Fahrt über das Himmelsmeer am Himmel zu helfen.

O Re, Herr der Ma'at,
o Re, der lebt von Ma'at,
o Re, der jauchzt über Ma'at,
o Re, der vollkommen ist durch Ma'at,
o Re, der beständig ist durch Ma'at,
o Re, der gepriesen ist durch Ma'at,
o Re, der bleibend ist durch Ma'at,
o Re, der stark ist durch Ma'at,
o Re, der dauert durch Ma'at,
o Re, der herrscht durch Ma'at,
o Re, der geschmückt ist durch Ma'at,
o Re, der aufgeht in Ma'at,
o Re, der untergeht in Ma'at,
o Re, der genährt ist mit Ma'at,
o Re, der sich vereinigt hat mit Ma'at,
*   mit dessen Stirn sich Ma'at vereinigt,*
o Re, beständig an Taten, vollkommen an Planung,
*   mit dem Herzen in Ma'at,*
*   der die Ma'at begründet hat in dem,*
*   was er erschaffen hat.*

(aus dem Mundöffnungsritual)

c) Ma'at ist der Ka (Lebenskraftkörper) des Re

Ma'at umfängt Dich schützend,
Du hast sie geformt,
sie ist Dein Ka,
Du entfernst Dich nicht von Deinem Wesen,
indem Du göttlich bist und dem Lichtland zugehörst,
erschienen als Amun-Re,
aufgesprungen und aufgegangen in Deiner Sonnenscheibe,
gepriesen als Oberster der Götter.
Du durchfährst den Himmel,
nachdem Du den Ehernen geöffnet hast,
Deine Strahlen erleuchten die Unterweltshöhlen.

(Amun-Hymne; Papyrus Leiden 344)

Der „Eherne", also der „Eiserne" ist der Himmel. Die vor allem aus Eisen bestehenden Meteoriten wurden früher allgemein als vom Himmelsgewölbe abgefallene Brocken aufgefaßt.

Die „Unterweltshöhlen" sind die Grabkammern.

d) Ma'at ist die Gefährtin des Re

Die Sonne steigt auf im Lichtland,
die Nachtbarke ist schwanger mit Deiner Schönheit.
Ma'at ist bei Dir,
die Neunheit gesellt sich zu Dir in Anbetungsgesten bei Deinem Anblick.

(Hymne an Amun-Re-Harachte)

Atum-Re-Harchte, göttlicher Falke,
der mit Ma'at gepriesen wird.
Du hast den Himmel überquert, um die Zeit zu erschaffen,
um Menschen und Götter am Leben zu erhalten.

(Hymne an Amun-Re-Harachte)

e) Ma'at ist die Frau des Re

Re erscheint, der Stier der Ma'at,
Herr der Erscheinungen, mehr als die Götter,
Einziger Herr, Lenker der beiden Länder!

(aus der „6. Stunde des Stundenrituals")

Die „beiden Länder" sind Ober- und Unterägypten.

„Stier" bedeutet „Begatter". „Stier seiner Mutter" ist die allgemeine Umschreibung für die Wiederzeugung gewesen, die der Wiedergeburt vorausgeht.

f) Ma'at ist die Tochter des Re

Ma'at, die Herrin der beiden Länder, Tochter des Re.

(aus einem der ältesten Totenbücher)

Die „beiden Länder" sind das Niltal von Oberägypten und das Nildelta von Unterägypten.

Du gehst auf, Du gehst auf, der Du im Himmel bist,
Menschen und Götter beten Dich an.
Du erglänzt, Du erglänzt, Herr der Götter!
Die Sonnenaffen jauchzen Dir zu;
Du bist erschienen auf der westlichen Seite,
Deine Mutter Nut begrüßt Dich mit der Anbetungs-Geste;
Deine Tochter Ma'at erhöht Dich und die beiden Schwestern,
sie lieben Dich, sie nehmen Dich auf in ihren Armen.

(Totenbuch)

Die „Sonnenaffen" sind die Paviane, die morgens ein großes Geschrei veranstalten – was als Begrüßung der Sonne gedeutet worden ist.

Die „beiden Schwestern" sind die beiden Göttinnen Isis und Nephthys.

Gegrüßt seit Du, Amun-Re, Gerechter, ohnegleichen!
Die Ma'at ist bei Dir, sie ging aus Dir hervor,
sie verwirklicht sich nach Deinem Gebot.

(Hymne an Amun-Re des Antef)

Hier ist die Ma'at die Tochter des Amun-Re.

Erhebe Dich! Ma'at ist vor Dir,
sie legt ihre Arme um Dich, Dein Ka ist in ihr;
Deine Tochter hat Dich erbaut
und Du hast sie erbaut,
Du bist zum Ka aller Götter geworden;
Du hast sie gerettet, Du hast sie belebt,
Du bist der Schöpfer ihrer Kas!

(Hymne an Amun-Re)

Der „Ka" ist der Lebenskraftkörper.

Deine Tochter Ma'at vereinigt sich mit Dir,
Du hast sie geformt, indem Dein Ka in ihr ist,
sie entfernt sich nicht von Deinem Schutz,
denn sie ist göttlich und gehört zu Deinem Lichtland.

(Hymne an Amun-Re aus dem Papyrus Leiden)

O Re, der die Ma'at hervorbringt,
ihm bringt man die Ma'at dar.
gib Du die Ma'at in mein Herz,
damit ich sie emporführe zu Deinem Ka.
Ich weiß, daß Du von ihr lebst –
Du bist es, der ihren Leib erschaffen hat.

(Inschrift des Nefer-hotep)

g) Ma'at ist die Uräus-Schlange

Die Uräus-Schlange, die der Ma'at gleichgesetzt worden ist, wird manchmal als „Tochter des Re" angesehen.

„Sie ist vereint mit Deinem (des Pharaos) *Haupt* (als Uräus). *"*

(Sonnenhymnus)

Deine Mutter ist Ma'at, Amun (Re),
Dein allein ist sie, aus Dir ging sie hervor (als Uräus-Schlange),
erzürnt, um die zu verbrennen, die Dich angegriffen haben.
In Ma'at ist der Eine, Amun, mehr als alle Geschöpfe.

(Papyrus Chester-Beatty IV)

h) Ma'at ist das Udjat-Auge

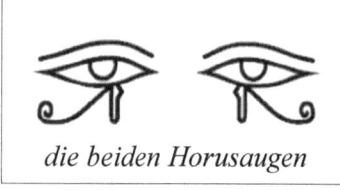
die beiden Horusaugen

Das Udjat-Auge (Horus-Auge, Sonnen-Auge) ist als Seelensymbol der Ma'at gleichgesetzt worden.

Ma'at wird möglicherweise auch als das Horus-Auge aufgefaßt. Diese ist jedoch nicht ganz sicher, da die Schreibweise für „Ma'at" als „Göttin/Richtigkeit" ein wenig von der Schreibweise für „Ma'at" als „Horusauge" abweicht.

Mythologisch gesehen gibt es Sinn, das Horusauge als Ma'at aufzufassen, da das Symbol der Ma'at die Feder ist und das Horusauge das Auge des Horus-Falken ist. Sowohl die Feder als das Auge des Horus-Falken sind Symbole für den Seelenvogel, dessen Wiedergeburts-Mutter die Göttin Ma'at ist.

Das Horusauge wird auch „Udjat", d.h. „das Heile" genannt, was jedoch ein Beiname und nicht der eigentliche Name ist.

Das Horus-Auge wurde auch als „Auge des Re" aufgefaßt, da die Sonne auch als Horus erscheint: als Re-Harachte (die Sonne als „Horus am Horizont"), also die Flügelsonne, die aus der Verbindung des Sonnen-Symbols mit dem Seelenvogel-Symbol (Horus) entstanden ist.

Nimm die beiden Augen des Horus, das schwarze und das weiße.
Nimm sie an Deine Stirn, damit sie Dein Gesicht erleuchten.

(Pyramidentexte)

Auf einer Darstellung des Sektet-Bootes hängt eine Schilfmatte und vorne in der Nähe des Buges, ist ein Udjat-Auge (𓂀) aufgemalt.

Vor dem Boot gehen zwei Ma'at-Göttinnen, die Oberägypten und Unterägypten repräsentieren.

(Das Am-Duat-Buch)

Siehe, Pharao Unas bringt Dir Dein geheiltes großes linkes Auge.
Nimm es heile von Pharao Unas an –
mit seinem heilen Wasser in ihm,
mit seinem heilen Blut in ihm,
mit seinen heilen Adern in ihm.

(Pyramidentexte)

Sprich:

Möge der Himmel das Sonnenlicht stark machen für Pharao Pepi,
möge Pharao Pepi als das Auge des Re zum Himmel aufsteigen
und möge Pharao Pepi zur Linken des Horus-Auges stehen
durch das die Rede der Götter gehört wird.

(Pyramidentexte)

„Dein rechtes Auge ist Ma'at, Dein linkes Auge ist Ma'at."

(Sonnenhymnus)

i) Re ist der Herr der Ma'at

Einzigartiger unter den Göttern,
schöner Stier der Neunheit, Höchster aller Götter!
Herr der Ma'at, Vater der Götter,
der die Menschen machte und das Vieh erschuf,
der die Kräuter machte und die Herden am Leben erhält!

(Hymne an Amun-Re aus Amarna)

Sei gegrüßt, Urgott der beiden Länder, Herr der Ma'at, ohnegleichen!
Der Eine, der seinen Erzeuger zeugte, der seine Mutter hervorbrachte,

(Hymne an Amun-Re-Harachte)

Re wird hier als selbsterschaffen beschrieben. Dieses Motiv geht darauf zurück, daß sich die Sonne im Jenseits zusammen mit der Jenseitsgöttin wiederzeugt und dann von ihr am Morgen wiedergeboren wird. Re ist somit sein eigener Vater – was zunächst ein endloser zyklischer (allmorgendlicher) Vorgang gewesen ist.

O erlauchter Gott, der von der Ma'at lebt,
Herr der Ma'at, Vater der Götter!
Der den Nil herauffährt und die Häuser und Tempel festlich macht.

(Hymne an Amun-Re-Harachte)

Gegrüßt seist Du, Re, Herr der Ma'at,
Herr der Menschen, Vater der Götter,
der jedem Gesicht Wohltaten erweist!

(Hymne an Re)

Mit „jedes Gesicht" sind „alle Menschen" gemeint – wobei es auch die Assoziation zu der wärmenden Morgensonne auf dem Gesicht beim Begrüßen und Anbeten der Sonne gegeben haben wird.

Sei gegrüßt, Re, Herr der Ma'at,
der seinen Schrein verborgen hält,
Herr der Götter, Skarabäus in seiner Barke,
der befiehlt, und es entstehen die Götter,
Atum, der die Menschheit erschafft,
ihre Wesensart unterscheidet und ihren Lebensunterhalt erschafft,
ihre Eigenschaften trennt, den einen vom andern;
der das Flehen dessen hört, der in Bedrängnis ist,
wohlgeneigten Herzens gegen über dem, der zu ihm ruft;
der den Furchtsamen errettet aus der Hand des Gewalttätigen
und der richtet zwischen dem Armen und dem Reichen;
der Herr der Erkenntnis, auf dessen Lippen das Schöpferwort ist.
Der Nil kommt ihm zuliebe,
ein Herr der Zuneigung, groß an Beliebtheit,
wenn er kommt, lebt die Menschheit.
Der freien Weg gibt jedem Auge,
das da geschaffen werden mag im Urgewässer.
Dessen Glanz es Licht werden läßt,
über dessen Schönheit die Götter jubeln –
ihre Herzen leben auf, wenn sie ihn sehen.

(Hymne an Re)

Die Handlungen bzw. Wirkungen des Re, die hier beschrieben werden, beruhen allesamt auf der Ma'at. Der Sonnengott Re ist hier der Verwirklicher der Qualitäten der Ma'at in ganz Ägypten.

j) Re lebt von der Ma'at

Wie schön ist es, die Ma'at zu tun für Amun!

(Hymne an Amun-Re)

Der Eine Einzige ohnegleichen,
Herr von Karnak,
Gott aus Heliopolis, der seiner Neunheit vorsteht,
der von der Ma'at lebt Tag für Tag,
Lichtlandbewohner, östlicher Horus;
dem die Wüsten Gold und Silber hervorbringen
und echten Lapislazuli ihm zuliebe,
Myrrhen und verschiedenen Weihrauch aus Nubien,
grüne Myrrhe für Deine Nase, Schöngesichtiger.

(Hymne an Amun-Re aus Amarna)

Der Osten ist die Richtung des Sonnenaufgangs. Dort erscheint Re am Morgen als Horus, Flügelsonne und Phönix. Das „Lichtland" ist das Jenseits.

k)   Re liebt die Ma'at

Ich habe die Ma'at groß gemacht, die er (Re) liebt,
denn ich habe erkannt, daß er von ihr lebt.
Auch meine Speise ist sie, ich schlucke ihren Tau,
indem ich eines Leibes mit ihm bin.

(Inschrift im Hatschepsut-Tempel)

O Re, der die Ma'at liebt und betrügerisches Handeln verabscheut,
gib, daß ich einer bin unter denen, die Du lobst!
Gerechter, möge ich der Erste der Gelobten sein
in der Gegenwart des Wen-nefer,
möge ich einer jenes Horus-Geleits sein im Lande des Rechttuns.
Möge man meinen Namen rufen, möge er gefunden werden in Rosetau.
Möge ich in Jauchzen sein vor Deinem Angesicht
und Lobpreis geben aus Liebe zu Dir,
wie jene Neunheit Dir Lobpreis gibt,
wenn sich Deine Tochter Ma'at mit Dir vereint.
Mögest Du mir gnädig sein an meiner Stätte,
möge ich Deine Schönheit schauen,
ich bin ein beliebter Ehrwürdiger,
einer, der heil war auf Erden
und der keinen Betrug beging.

(Hymne aus dem Grab 218 in Theben)

Der Tote spricht diese Hymne an Osiris für seinen Ka, d.h. für seine Seele.

„Wen-nefer" bedeutet „schönes Wesen" und ist ein Beiname des Osiris.

„Rosetau" ist das Jenseits – das „Land, durch das die Barke des Ra getreidelt (gezogen) wird". (Mit dem Wort ist nicht „Rosentau" gemeint – es hat nur diese Buchstabenfolge.)

Mit „vereint" ist hier gemeint, daß Osiris vollkommen die Qualität der Ma'at erlangt hat.

Die „Stätte" ist das Grab.

Amun vereint sich mit dem Lichtland des Himmels,
er ist erschienen auf der westlichen Seite als Atum im Abendrot;
er ist gekommen in seiner Macht, ohne einen Widersacher,
er hat als Re die Herrschaft ergriffen über den Himmel,
er hat die Erde erleuchtet in der Lust seines Herzens,
er hat Wolken und Regensturm vertrieben.
Hinabgestiegen in den Leib zu seiner Mutter Naunet,
sein Vater Nun vollführt die Anbetungs-Geste,
die Götter, sie huldigen ihm mit Liedern,
die Bewohner der Unterwelt frohlocken,
wenn sie ihren Herrn sehen, weit ausschreitend,
Amun-Re, den Herrn der Menschheit.
Der schöne Jüngling ist zur Ruhe gegangen in seinem Tempel,
die Erde wird hell in seinem Lichtland von gestern.
Dein Sohn Horus ist auf Deinem Thron auf Erden,
der Horus „Starker Stier, geliebt von Ma'at",
der König, Herr der beiden Länder, Ramses II
– möge er leben, heil sein und gesund sein –
mögest Du ihn lieben,
mögest Du ihm Dauer und Ewigkeit bestimmen!

(Abend-Hymne an Amun-Re des Ramses II)

„Nun" ist der Gott des Urwassers. Er ist eng mit der Göttin „Naunet" verbunden.

l)   Anrufung des Re und der Ma'at

Du erwachst schön, Du Horus,
Himmelsüberquerer, Du Kind, das aus dem Phallus kam!
Du Feuerknabe mit funkelnden Strahlen,
der Finsternis und Dunkelheit vertreibt!
Hochgepriesenes Kind mit lieblicher Gestalt,
das müde ruht in seinem heilen Auge!
Der alle Gesichter erweckt auf ihren Matten
und die Schlangen in ihren Wüstentälern.
Dein Papyrusboot segelt auf dem Flammensee,
Du überquerst den Himmel mit seinem Fahrtwind.
Die beiden Niltöchter zerbrechen Dir den Frevler,
der Gott von Ombos erlegt ihn Dir mit seinen Pfeilen;
Geb ... ... ihn auf seinem Rückenwirbel,
Selket trifft ihn in die Kehle;
die Glut dieser Uräusschlangen verbrennt ihn –
die Schlangen, die auf den Pforten Deines Hauses sind.
Die große Neunheit wütet gegen ihn,
sie jauchzen über sein Gemetzel;
die Horuskinder ergreifen die Messer,
die gemacht sind, um seine Wunden zu vermehren.
Heil! Dein Feind ist gefallen,
Ma'at steht befestigt vor Dir!

(Papyrus Kairo 25206)

Die „Feuer"-Motive in dieser Hymne beziehen sich alle auf das Sonnenfeuer.
Geb ist der Erdgott.
Selket ist die Skorpiongöttin.
 Hier wird die Wiederherstellung und die Absicherung der Ma'at durch den Sonnen-
aufgang beschrieben.

Du bist erschienen als Herr der beiden Länder,
die Atef-Krone des Re auf Deinem Haupt.
Die Götter kommen zu Dir mit Verneigungen,
die Furcht vor Dir durchfährt ihre Glieder,
wenn sie Dich sehen in der Hoheit des Re,
der Schrecken vor Deiner Majestät ist in ihren Herzen.
Leben ist bei Dir, das Machtwort steht Dir zu Gebote,
Ma'at wird Dir dargebracht vor Deinem Angesicht!
Mögest Du gewähren, daß ich im Gefolge Deiner Majestät bin,
so wie ich es auf Erden war;
möge mein Ba gerufen werden,
und möge er gefunden werden zur Seite der Herren der Ma'at.
Ich bin heute aus der Stadt meines Gottes gekommen, aus Memphis.
Er ist wahrlich der schönste aller Gaue in diesem Land.
Ihr Gott ist der Herr der Ma'at,
der Herr der Speisen, reich an Kostbarkeiten.
Alle Länder ziehen zu ihr,
Oberägypten kommt zu ihr stromab gefahren,
Unterägypten mit Segel und Rudern,
um sie festlich zu machen jeden Tag,
wie es ihr Gott befohlen hat.
Keiner, der in ihr ruht, sagt: „Hätte ich doch … !"
Wie freut sich, wer Ma'at tut für den Gott in ihr:
er gibt dem hohes Alter, der sie ihm tut,
das Werden zu einem Ehrwürdigen,
dies zu erreichen in schönem Begräbnis,
ein Beigesetztwerden im Heiligen Bezirk.
Ich bin zu Dir gekommen,
Ma'at auf meinen Lippen,
Ma'at auf meinen Händen.
Ich bin ein Gerechter, der Gott kennt,
meine Abscheu ist die Lüge vor Dir.

(Totenbuch, Kapitel 183)

Du durchwandelst den Himmel und leitest die Erde,
in dem Ma'at bei Dir ist;
und wenn Du in der Unterwelt ruhst,
ist Ma'at bei Dir ...
Solange Du bestehst, besteht Ma'at;
Solange Ma'at besteht, bestehst Du;
Sie ist mit Deinem Haupt vereint;
Sie ist ewig in Dir;
Dein rechtes Auge ist Ma'at;
Dein linkes Auge ist Ma'at;
Dein Fleisch und Deine Glieder sind Ma'at;
Der Atem Deines Leibes und Dein Herz sind Ma'at;
Du gehst durch die Länder mit Ma'at;
Du salbst Dein Haupt mit Ma'at;
Wenn Du gehst, trägst Du Ma'at auf Deinen Händen;
Dein Gewand ist Ma'at;
Das Kleid Deiner Glieder ist Ma'at;
Du ißt Ma'at;
Du trinkst Ma'at;
Dein Brot ist Ma'at;
Dein Bier ist Ma'at;
Der Atem Deiner Nase ist Ma'at.

(Tempel-Ritual des Re: Hymne an Re)

Das „Du" ist Re.
Die, „die mit dem Haupt des Re vereint ist", ist die Uräusschlange.
Das rechte Auge des Re ist die Sonne, das linke Auge des Re ist der Mond.

Die Majestät dieses Gottes tritt hervor zu der Stunde mit dem Namen „Die die Schönheit ihres Herrn zur Erscheinung bringt".

Das ist die Stunde dessen, den sie besänftigt hat.

Re geht auf im Lande der Horizontbewohner – glückliche Fahrt, um das Leben der Menschen zu schaffen und jeglicher Tiere, jeglichen Gewürms, das er geschaffen hat!

Re erhebt sich für Ma'at.

Pharao X – er betet Re an:

Geh doch auf, Re!
Entstehe doch, Skarabäus, Du Selbstentstandener,
Ruti, der aus der Dämmerung kommt!
Die Götter im Lichtland beten Dich an,
Du Erscheinender in jenen Deinen Geburten!
Die Menschen schauen, die Götter blicken staunend.
Du trittst heil hervor in der Umarmung Deiner Mutter,
die Deine Schönheit erhebt Tag für Tag.
Geöffnet ist Dir das östliche Lichtland,
aufgetan sind Dir die Wege im Geheimen, für Re-Harachte.
Nimm in Anspruch Deine Gefilde, küsse Deine Wahrheit!
Geöffnet sind Dir die Tempel des Shu,
Du durchwanderst die Tempel des „Leuchtenden".
X – er läßt die Ma'at aufsteigen zum Stier der Ma'at.
X – er läßt die Ma'at einsteigen in die Barke des Re.
Die Ma'at hat sich auf dem Sitz niedergelassen.
Gegrüßet seien jene Deine sieben Uräusschlangen,
die Deine Ka-Kräfte zusammenfassen,
die ein Gemetzel veranstalten unter Deinen Feinden im Messersee.
Du erscheinst, Horus-Re, auf Deinem Sitz vorn in der Großen Barke,
und gibst Licht hoch oben allen Ländern!
X – er öffnet Dir den Weg jenes grünen Vogels,
sodaß Du Wasser trinkst am Ufer der Feuerinsel.
X – er leitet den Schutz auf dem Weg des Herrn des Lichtlands.

(die 1. Stunde des Stundenrituals: Sonnenaufgang)

„X" ist der Name des Pharaos, der dieses Ritual durchführt.

„Re" ist der Sonnengott.

„Ruti" sind die beiden Löwen links und rechts des Ortes des Sonnenaufgangs. Sie entsprechen der Sphinx vor der Pyramide und den beiden Panther-Statuen vor den Tempeln von Göbekli Tepe, den beiden Löwen der Artemis, den beiden Katzen der Freya usw.

„Re-Harachte" ist „Der Sonnengott (Re) in seiner Gestalt als Falkengott (Horus) am Horizont (Achet)".

„Schönheit" und „Wahrheit" sind beides Übersetzungen von „Ma'at". Auch die „Mutter des Re" ist Ma'at.

„Shu" ist der Luftgott.

Der „Stier" ist das Symbol der Wiederzeugung mit der Jenseitsgöttin, die der morgendlichen Wiedergeburt der Sonne vorausgeht.

Der Grund für die Siebenzahl der Uräusschlangen ist unklar. Möglicherweise sind die sieben Planeten oder die sieben Chakren gemeint – aber die Planeten spielten in de Vorstellungen der Ägypter keine große Rolle und die Chakren lassen sich in Ägypten nur sehr ansatzweise nachweisen (und es gab in früher Zeit oft auch die Vorstellung von nur fünf Chakren).

Der „Ka" ist der Lebenskraftkörper.

Der „Messersee" ist ein Ort in der Unterwelt.

Der Sonnen-Seelenvogel ist „grün", weil er jung, frisch und wachsend ist, da er gerade erst wiedergeboren worden ist.

Die „Feuerinsel" ist der Ort des Sonnenaufgangs. Dort erscheint der aus der Wasserunterwelt zurückkehrende Re in der Gestalt eines neugeborenen Seelenvogels inmitten der Flammen des Morgenrots – dort ist er die Flügelsonne und der Phönix.

Das „Lichtland" ist das Jenseits.

Spruch zur Darbringung der Ma'at.
Zu rezitieren:

Ich bin zu Dir gekommen,
ich bin Thot, meine Arme sind gefüllt mit Ma'at.
Sei gegrüßt Amun-Re, Du erlauchter Gott, Herr der Zeit;
wenn er sich mit dem Himmel vereint hat
und als Sonne erscheint in der Morgenfrühe,
der das Lichtland passiert, wie es der Aufgehende getan hat,
nachdem er die Höhlenbewohner erleuchtet hat;
der seinen Leib zu den Göttern führte,
nachdem die Dortigen sein Bild geschaut haben;
für den seine beiden Lichtaugen umlaufen.
Der göttliche Jüngling in Hermopolis,
das erlauchte Kind der acht Urgötter;
Du bist der befruchtende Stier, der in Mendes wohnt,
der Widderköpfige, der Herakleopolis vorsteht,
der für die gesamte Neunheit sorgt,
damit nicht einer vom anderen unterschieden sei unter ihnen.
Die Ma'at ist gekommen, um bei Dir zu sein,
Ma'at ist an allen Deinen Stätten, daß Du mit ihr zufrieden seiest.
Alles was entstand, im Umkreis des Himmels:
Ihre Arme beten Dich an Tag für Tag;
Du bist es, der Luft gibt an jede Nase, um zu beleben,
was Du geschaffen hast mit Deinen Händen.
Du bist dieser Gott, der schafft mit Deinen Händen,
Du allein, kein anderer ist bei Dir.
Sei gegrüßt, der Du ausgestattet bist mit Ma'at, Schöpfer des Seienden,
der das, was ist, hervorbrachte;
Du bist der vollendete Gott, der Geliebte.
Mögest Du gnädig sein, auf daß Dir die Götter Ma'at tun.
Du kommst heraus in Ma'at,
Du lebst von Ma'at,
Deine Glieder vereinen sich mit Ma'at,
Du läßt Ma'at sich auf Deinem Haupt niederlassen,
damit sie Platz nehme auf Deinem Scheitel.
Deine Tochter ist Ma'at,
Du verjüngst Dich bei ihrem Anblick,
Du lebst vom Duft ihres Taus.
Als Udjat-Amulett ist Dir Ma'at an den Hals gelegt,

so daß sie auf Deiner Brust ruht.
Die Götter verrichten Dir ihre Arbeit durch Ma'at,
sie wissen, daß die beiden Ma'ati bei Dir sind;
Götter und Göttinnen sind in Dir mit Ma'at,
denn sie wissen, daß Du von ihr lebst.
Dein linkes Auge ist Ma'at, Dein rechtes Auge ist Ma'at,
Dein Fleisch und Deine Glieder sind Ma'at,
die Atemluft Deines Leibes und Dein Herz sind Ma'at.
Du gehst durch die beiden Länder mit Ma'at,
Du salbst Dein Haupt mit Ma'at,
Du gehst, während Deine Hände Ma'at tragen;
Dein Gewand und Dein Leinenstoff ist Ma'at,
die Hülle Deines Leibes ist Ma'at.
Du ißt von Ma'at,
Du trinkst von Ma'at,
Dein Brot ist Ma'at,
Dein Bier ist Ma'at,
Du atmest Weihrauch ein als Ma'at,
die Luft Deiner Nase ist Ma'at;
Atum kommt zu Dir mit Ma'at.
Öffne Deine Augen, damit Du Ma'at erblickst,
Dein Priester Schu, der Sohn des Re –
er reicht Dir die Ma'at als Deine Vermögensurkunde,
damit Du zufrieden und stark bist durch sie.
Ma'at erhebt ihre Arme an Dein Gesicht,
Dein Herz wird schön durch sie.
Die Enden der Erde kommen zu Dir mit Ma'at,
bis zum Ende dessen, was die Sonne umkreist.
Du bist einzig, Du bist hoch, Amun-Re,
Ma'at ist vereint mit Deiner Sonnenscheibe.
Du bist groß, Du bist gewaltig, Du Herr der Götter,
Ma'at ist in der gesamten Neunheit.
Ma'at kommt zu Dir, um das Übel an Dir zu vertreiben,
um die Krone zu bilden auf Deinem Haupt.
Die Majestät des Re-Harachte erscheint,
um Dir Ma'at zu tun in Deinen beiden großen Ländern.
Thot bringt Dir die Ma'at dar,
seine Hände tragen ihre Schönheit vor Dein Angesicht.
Dein Ka gehört Dir,
Ma'at betet Dich an,

Dein Leib vereint sich mit Ma'at.
Du freust Dich und verjüngst Dich bei ihrem Anblick;
das Herz des Amun-Re lebt, wenn Ma'at vor ihm erschienen ist.
Deine Tochter Ma'at ist am Bug der Mesektet-Barke,
sie ist die Eine, die in Deinem Tempel ist.
Solange Du existierst, so lange existiert Ma'at,
solange Ma'at existiert, so lange existierst Du.
Ma'at währt, Deinem Haupte vermählt,
indem sie vor Dir entsteht in Ewigkeit.
Man tut Dir Ma'at, um Dein Herz zu besänftigen,
und Dein Herz lebt von ihr.
Dein Ba lebe, Amun-Re,
Ma'at ist vor Dir erschienen!
Wie süß ist Dein Name, Du Herr der Götter
Ma'at hat sich vor Deinem Angesicht niedergelassen!
Re erscheint, Deine Feinde zu vertreiben,
Ma'at bleibt am Bug der Mesektet-Barke!
Du bist gekommen vom Osten des Himmels.
Die Paviane im Himmel setzen Dich über,
die Westlichen bringen Dir die Ma'at dar
vor Deinem Angesicht auf Himmel und Erde.
Du durchläufst den Himmel,
Du durchziehst die Erde,
Ma'at ist bei Dir Tag für Tag.
Du gehst unter in der Unterwelt –
Ma'at ist bei Dir;
Du erleuchtest die Körper der Höhlenbewohner,
Du dringst ein in die verborgene Kammer –
Du bist zufrieden und stark durch sie.
Die gesamte Neunheit sagt zu Dir:
„Du bist gerechtfertigt millionenmal!"
Gerechtfertigt ist Amun-Re-Harachte,
die Krummherzigen sind gefallen durch sein Messer.
Freude sei bei Dir Tag für Tag,
Ma'at hat sich niedergelassen im Innern Deines Tempels.
Thot, der Zauberreiche, sorgt für Deinen Schutz,
er bringt Dir die Feinde zu Fall.
... ... die beiden Länder
für den Männlichsten der Götter, Amun-Re,
Horus, der den Arm erhebt,

den König von Ober- und Unterägypten,
König der Götter, Amun-Re,
Herrscher der Neunheit;
Himmel und Erde, die Dein Sohn geschaffen hat,
Götter und Göttinnen folgen Deiner Majestät.
Die Weiße und die Rote Krone bleiben auf Deinem Haupt
... ...
Ma'at bleibt im Innern von Karnak
– wie bleibend ist Ma'at! –
Sie ist allein, Du bist ihr Schöpfer,
kein anderer Gott teilt sie mit Dir,
außer Dir allein in Ewigkeit.

(Spruch, der bei der Darbringung der Ma'at gesprochen
wird; aus dem Papyrus Berlin 3055)

Die „Höhlenbewohner" sind die Toten in ihren Gräbern bzw. in der Unterwelt.

Das „Udjat" ist das heile Auge der Sonne, d.h. der am Morgen wiedergeborene Sonnengott.

Die „Neunheit" sind die neun wichtigsten Gottheiten.

„Sich verjüngen" ist eine Umschreibung für die morgendliche Wiedergeburt der Sonne.

Der Ba ist ein Aspekt der Seele – er ist mehr der Seelenvogel als der Lebenskraftkörper.

Das, was die Sonne umkreist, ist die Erde.

Die Mesektet-Barke ist das Schiff, das der Sonnengott des Nachts benutzt hat.

Die Paviane setzen die Sonne morgens über den Jenseitsfluß.

Die „Westlichen" sind die Toten – im Westen ist der Eingang in die Unterwelt, den auch die Sonne jeden Abend benutzt.

Die „Höhlenbewohner" in ihren „Kammern" sind die Toten in ihren Gräbern.

„Krummherzige" sind Übelgesonnene.

„Den Arm erheben" bedeutet kämpfen, angreifen, verteidigen.

Gegen Ende des Textes gibt es zwei Lücken in dem Text, die durch „... ... ..." gekennzeichnet sind.

Re erscheint, das Gold der Götter,
die geheimen Grüfte öffnen sich ihm,
die Höhlen werden ihm aufgetan von seinen Uräusschlangen;
die Neunheit läßt die Ma'at zu ihm aufsteigen.
Gepriesen seist Du, Re!
Küsse das Leben, empfange die Ma'at,
laß Dein Herz zufrieden sein in Deinem Türkis-Gefilde,
laß es zufrieden sein durch das, was Dein eigenes Auge für Dich getan hat.

(aus der „2. Stunde des Stundenrituals")

Das „Gold der Götter" ist die Sonne.
Die „Grüfte" sind das Hügelgrab (Pyramide) der Sonne, d.h. die Unterwelt.
Die „Höhle" ist die Grabkammer in dem Hügelgrab.
Die Neunheit sind die neun wichtigsten Gottheiten.
„Zufrieden sein" („em hotep") ist die Wirkung der Ma'at.
Das „Türkis-Gefilde" ist der Himmel.
Das „Auge des Re" ist die Sonnenscheibe.

Ich bete Dich an, Deine Schönheit in meinen Augen,
möge Dein Strahlenglanz sich entfalten auf meiner Brust.
Ich lasse die Ma'at aufsteigen zu Deiner Majestät täglich, an jedem Tag.
Lobpreis Dir, Thot, Herr von Hermupolis,
Selbstentstandener, der nicht geboren wurde,
Einziger Gott, der durch die Unterwelt führt,
der den Westlichen Vorschriften gibt,
die im Gefolge des Sonnengottes sind,
der die Zunge eines jeden Fremdlandes unterschieden hat.
Mögest Du geben,
daß der Königsschreiber Haremhab fest stehe zur Seite des Königs,
wie Du bist zur Seite des Allherrn,
wie Du ihn aufziehst, wenn er aus dem Leibe hervortritt.
Lobpreis Dir, Ma'at, Herrin des Nordwinds, die die Nasen der Lebenden öffnet,
die dem inmitten seiner Barke Luft gibt!

(Hymne des Erb-Prinzen Haremhab)

„Schönheit" und „Strahlenglanz" beziehen sich auf das Licht der Sonne.
Die „Majestät" ist der Sonnengott Re.
Die „Zungen der Fremdländer" sind die verschiedenen Sprachen auf der Erde.

m)   Ma'at und Isfet

Re hat den König eingesetzt auf der Erde der Lebenden für immer und ewig beim Rechtsprechen der Menschen, beim Befriedigen der Götter, beim Entstehenlassen der Ma'at, beim Vernichten der Isfet. Er (der König) *gibt Gottesopfer den Göttern und Totenopfer des Verklärten. Der Name des Königs ist im Himmel wie* (der Name des) *Re.*

(Text aus den Sonnen-Tempeln des neuen Reiches)

2. Ma'at und Osiris

a) Osiris erschafft die Ma'at

Der Große, der Erstgeborene seiner Brüder,
der Älteste der Neunheit,
der die Ma'at begründet hat entlang der beiden Ufer des Nils,
der den Sohn auf den Sitz seines Vaters setzt;
der Gelobte seines Vaters Geb,
den seine Mutter Nut liebt,

(Osiris-Hymne; Louvre, Stele 286)

Der „Große" ist Osiris.

b) Osiris freut sich über die Ma'at

Göttlicher König, der über die Ma'at zufrieden ist,
der größer ist als sein Vater,
der mächtiger ist als seine Mutter,
der Herr über das, was aus ihm entstanden ist.

(Osiris-Hymne; Louvre, Stele 218)

c) Ma'at gehört dem Osiris

Dir wurden die beiden Länder gegeben in Gegenwart Deines Vaters Atum;
Ma'at gehört Dir,
sie ist beständig vor Deinem Angesicht,
Du jauchzt über den Anblick ihrer Schönheit;
Thot ist es, der sie ihrem Herrn darreicht,
er verklärt Dich mit den Verklärungen seines Mundes.

(Osiris-Hymne; Louvre, Stele 218)

d)   Ma'at gehört zu Osiris

Der Name dieses Gefildes ist „Ma'ati".

(Das Am-Duat-Buch)

Das „Gefilde der beiden Ma'at-Göttinnen" ist das Jenseits.

Von Osiris X, gerechtfertigt, zu sprechen:

*Seid gegrüßt, Götter in der Halle der beiden Ma'ati, in deren Leib keine Unwahr-
heit ist, die in Heliopolis von Ma'at leben!*

(Totenbuch, Kapitel 125)

*Du sitzt zu Gericht,
Ma'at ist vor Dir,
und richtest die Herzen auf der Waage.
Hier bin ich vor Dir, mein Herz ist voller Ma'at,
keine Lüge ist in meinem Herzen!*

(Osiris-Hymne; Louvre, Stele 218)

*Wer auch immer dies weiß,
der wird so sein wie einer,
auf dessen Weg stets Ma'at ist,
und er wird über die Wege von Re-Setau wandern.*

(Stundenbuch: vierte Stunde)

„Re-Setau" ist das Jenseits.

Wer auch immer diese Dinge mit ihren wahren Namen kennt, die dem entsprechen, was auf der östlichen Wand dieses verborgenen Palastes der Duat steht, und wer auch immer diese Namen auf der Erde kennt und auch ihre Wohnorte in Amentet, wird in seinem Wohnort in der Duat ruhen und er wird sich unter den Herren der Verpflegung der Götter erheben und seine Stimme wird in Ma'at sein, wenn er vor den Tchatcha-Wesen an dem Tag des Richtens über das dreifach große Haus spricht.

Und diese Dinge werden als magischer Schutz für den wirken, der sie auf Erden kennt.

(Stundenbuch: neunte Stunde)

Der „verborgene Palast der Duat" ist die Grabkammer in der Pyramide.

„Amentet" und „Duat" sind beide das Jenseits.

Das „dreifach große Haus" ist der Pharao – „Pharao" (ägyptisch: „per-aa") bedeutet wörtlich „Großes Haus". Das entspricht der Bezeichnung „Weißes Haus" für die Regierung der USA, „Kreml" für die Regierung Rußlands, „Hohe Pforte" für die frühere türkische Regierung usw.

Denn sie haben getan, was rechtens war während sie auf Erden gewesen sind, und sie haben für ihren Gott gekämpft, und sie werden zu den Freuden im Haus des Lebens, in dem Ma'at ist, gerufen werden.

Das was ihnen von Rechts her zusteht, wird ihnen vor dem Großen Gott, der das Unrecht beseitigt, zugeteilt werden.

Dann wird Osiris zu ihm sagen:

Ma'at möge euer sein, o ihr Ma'at-Götter,
und möget ihr Frieden haben, weil ihr mir gefolgt seid,
o ihr Bewohner des Hauses der Seele, die heilig ist!
Ihr sollt von dem leben, von dem, was dort ist, leben,
und ihr sollt die Herrschaft über die kühlen Wasser in eurem Land haben.
Ich habe für euch erlassen,
daß ihr euer Leben in jeder Weise in Ma'at haben sollt – ohne jedes Unrecht.
Euer Brot sollen Ma'at-Kuchen sein,
euer Trank soll Wein sein,
und eure Trankopfer soll kühles Wasser sein.

(Pfortenbuch: Die Pforte der Halle des Set-em-Ma'at-ef)

Das „Haus des Lebens" und das „Haus der Seele" sind das Grab und das Jenseits.

Der „Große Gott" ist hier der Totengott Osiris.

Gepriesen seist Du, Osiris,
Herr der Ewigkeit,
König der Götter,
dessen Namen vielfältig sind,
dessen Verwandlungen erhaben sind,
dessen Gestalt in den Tempeln verborgen ist,
dessen Ka heilig ist,
der Herr von Tetut,
der Mächtige des Besitzes in den Tempeln,
der Herr des Lobes in dem Gau von Anetch,
der Vorsteher der Speisen in Anu,
der Herr, dessen in der Stadt der beiden Ma'ati gedacht wird,
die verborgene Seele,
der Herr von Querret,
der Erhabene in der Weißen Halle,
die Seele des Re und sein wahrer Leib,
der seinen Wohnort in Henensu hat,
der Wohltäter,
der in Nart gepriesen wird,
der Deine Seele sich erheben läßt,
Herr des Großen Hauses in der Stadt der acht Götter,
der großen Schrecken in Shas-Hetep verursacht,
Herr der Ewigkeit,
Gebieter von Abydos.

(Das Am-Duat-Buch)

In diesem Text werden einige der Beinamen des Osiris aufgezählt. In Abydos stand der Haupttempel des Osiris – dort fanden auch die alljährlichen Osiris-Mysterien statt.

Wo die Stadt der beiden Ma'ati liegt, ist unklar – evtl. ist damit auch die Halle des Jenseitsgerichtes gemeint, in der Osiris der Richter ist.

Sei gegrüßt Chontamenti, König, Herrscher des Westgebirges,
Erstgeborener Sohn vom Leibe der Nut, Sprößling des Geb,
des Erbfürsten der Herren, König der Könige, Schöngesichtiger,
wenn er die Weiße Krone empfangen hat!
Die Große Neunheit besänftigt Dich, die kleine Neunheit betet Dich an.
Weit sei Dein Herz, Du in der Wüste, der Müdherzige,
er hat sich der Freude vereint.
Dein Sohn Horus ist in Ma'at,
er hat die Insignien des Re empfangen.
Seine Mutter Isis ist in Frieden gekommen,
ihre Hände gefüllt mit Leben und Herrschaft
und hält die Schutzwache für Wen-nefer.
Die Götter jauchzen im Himmel,
die Priesterschaften jubeln,
wenn sie Horus, den Sohn des Osiris,
sitzen sehen auf dem Thron seines Vaters.
Ich bin zu Dir gekommen, mein Herz voll er Ma'at,
keine Lüge ist in meinem Leib;
ich sagte nie wissentlich die Unwahrheit und beging kein Zweites Mal,
ich schmälerte nicht die Opferbrote in den Tempeln,
noch rührte ich den Opferbedarf an.
Mögest Du annehmen Brot und Bier,
Rind und Gans, Weihrauch und Libation,
Wein und Milch, alles Gemüse
und jegliche schönen und reinen Dinge,
rein dargebracht für Deinen Ka,
Millionen an süßen Dingen für Deinen Namen,
für Deine Neunheit, Osiris, der im Sarge!

(Grab 23 in Theben)

„Chontamenti" bedeutet „Erster der Westlichen", d.h. „König der Toten". Dies ist ein Beiname von Osiris und manchmal auch von dem Schakalgott Anubis, der die Mumifizierungen leitet.

„Wen-nefer" bedeutet „schönes Wesen" und ist ein Beiname des Osiris.

Mit „Zweites Mal" ist eine „nicht in Ma'at ruhende Wiederholungstat" gemeint. Der Tote sagt hier also, daß er, wenn er aus Unwissenheit gegen die Ma'at verstoßen hat und dann von einem anderen über die Qualität seiner Tat belehrt worden ist, sein Verhalten sofort verändert hat.

Der „Ka" ist der Lebenskraftkörper.

Ich bin in dem See des Südens gereinigt worden. Ich habe in Hemet geruht, im Norden des Feldes der Grashüpfer, wo sich die heiligen Seeleute am Abend reinigen, damit sie die Herzen der Götter befrieden, nachdem ich Tag und Nacht dort entlang gezogen bin.

Mögen die Götter zu mir sagen:
„Wir lassen ihn kommen."
und mögen sie zu mir sagen:
„Wer bist Du und was ist Dein Name?"
„Mein Name ist 'Ich wuchs zwischen den Blumen und lebte in dem Olivenbaum'."
Dann werden sie zu mir sagen:
„Gehe geradewegs weiter."
Ich gehe an der Stadt im Norden der Haine vorüber und die Götter sagen:
„Was siehst Du dort?"
„Ich sah das Stier-Bein und seinen Oberschenkel."
„Was hast Du mit ihnen getan?"
„Ich sah Feste in dem Land Fenkhu."
„Was haben sie Dir gegeben?"
„Sie gaben mir eine Feuerflamme zusammen mit einem Kristall-Brett."
„Was hast Du mit ihnen getan?"
„Ich habe sie an dem Ort der beiden Ma'at-Göttinnen zusammen mit den Dingen der Nacht verbrannt."
„Was hast Du dort an dem Ort der beiden Ma'at-Göttinnen gefunden?"
„Ein Szepter aus Flint, daß es einem Mann zu siegen möglich macht."
„Was ist der Name dieses Szepters aus Flint?"
„'Gewährer des Windes' ist sein Name."
„Was hast Du mit der Feuerflamme und mit dem Kristall-Brett getan, nachdem Du sie vergraben hast?"
„Ich sprach Worte über ihnen, ich führte dadurch eine Beschwörung durch, ich löschte das Feuer, und ich benutzte das Brett, um einen See aus Wasser zu erschaffen."
„Dann komme und gehe durch die Tür zu dieser Halle der zwei Ma'at-Göttinnen, denn Du kennst uns."
„Ich werde Dich nicht an mir vorbei eintreten lassen", sprach der Riegel, „wenn Du nicht meinen Namen weißt."
„'Gewicht der Ma'at' ist Dein Name."

(Papyrus des Nebseni)

In den Totenbüchern ist aus der Fähigkeit der Schamanen, ins Jenseits zu reisen, bereits ein detaillierter Lageplan des Jenseits mit einer Fülle an Namen, die man kennen mußte, und einer Fülle an Ritualen, die man durchführen mußte, geworden. Aus der Fähigkeit der Schamanen zur Astralreise sind die Handlungsvorschriften der Priester entstanden.

Den Schamanen findet man in Ägypten noch in dem „Mundöffnungs-Zeremonie" genannten Bestattungsritual, in dem der Sem-Priester („Sem" = „Helfer") sich auf einem flachen Tisch (der symbolische Grabhügel) hockt, sich mit einem Tuch einhüllt, sich nach innen wendet und dann in seiner Trance über seine Reise ins Jenseits berichtet. (Bei Bedarf findet sich dieses Ritual in meinem Buch „Hathor und Re II".)

Die Bedeutungen der Feuerflamme, des Kristallbrettes, des Flint-Szepters usw. sind ziemlich unklar – wie dies in solchen magischen Texten oft der Fall ist, in denen häufig weitgehend unbekannte Motive und Assoziationen benutzt werden.

Das „Stier-Bein" und der „Oberschenkel" könnten das Sternbild „Großer Bär" sein, das bei den Ägyptern diesen Namen trug. Dann würde sich der Tote hier in einem Nachthimmels-Jenseits befinden.

Das „Kristallbrett" könnte dann der Himmel selber sein, den man sich zwar meitsens wegen den eisenhaltigen Meteoriten (die „vom Himmel herabfielen") als aus Eisen geschmiedet vorstellte, aber den man manchmal wegen seiner Durchsichtigkeit auch als aus Bergkristall bestehend aufgefaßt hat.

Den See, den der Tote dann mithilfe dieses Kristallbrettes erschafft, wäre dann das Himmelsmeer.

Falls diese Deutungen zutreffen sollten, müßte man den Begriff „Kristallbrett" eher mit „Kristallkuppel" übersetzen.

Die Feuerflamme in diesem Text könnte dieser Interpretation zufolge dann die Sonne sein.

Vollkommen sicher ist diese Deutung jedoch nicht – aber der Text ist ja auch absichtlich als eine Art Wissensprüfung, die der Tote bestehen muß, bzw. als ein Rätsel verfaßt worden, das der Tote lösen muß.

3. Ma'at und Atum

Gegrüßt seist Du,
der Du alles, was ist, geschaffen hast, Atum,
... ... bei seinem Aufgang,
wenn seine Tochter Ma'at besänftigt wird.

(Amun-Hymne; Papyrus Leiden 344)

Hier erscheint Ma'at als die Tochter des Urgottes Atum.

So sprach Atum:

Tefnut ist meine lebende Tochter,
und sie wird mit ihrem Bruder Shu sein;
„Lebende" ist ihr Name, „Ma'at" ist ihr Name.
Ich lebe mit meinen beiden Kindern,
ich lebe mit meinen beiden Zwillingen,
denn ich bin in der Mitte zwischen ihnen (Tefnut und Ma'at):
die eine in meinem Rücken, die andere nah an meinem Bauch.
Das Leben legt sich nieder mit meiner Tochter Ma'at,
die eine bei mir und die andere rings um mich.
Ich stand zwischen ihnen beiden auf
und ihre Arme waren um mich.

(Sargtexte, Spruch 80)

Nun sprach zu Atum:

Küsse Deiner Tochter Ma'at, lege sie an Deine Nase,
damit Dein Herz für immer leben kann,
denn sie wird Dir niemals fern sein.
Ma'at ist Deine Tochter
und Shu ist Dein Sohn,
dessen Name für immer leben wird.
Iß von Deiner Tochter Ma'at;
Es ist Dein Sohn Shu,
der Dich erheben wird.

(Sargtexte, Spruch 80)

„Nun" ist der Name des Urmeer-Gottes.

4. Ma'at und Thot

Thot und Ma'at sind beide Deine Schreiber.

(Papyrus des Ani)

Möge ich Horus das Steuerruder halten sehen
mit Thot und Ma'at neben ihm!
Möge ich den Bug des Seket-Bootes ergreifen
und das Heck des Atet-Bootes!

(Papyrus des Ani)

Der Tote vertraut darauf, daß Thot und Ma'at dem Horus helfen, die Jenseitsbarke, die in symbolischer Hinsicht mit der Barke des Sonnengottes Re weitgehend identisch ist, sicher zu steuern.

Osiris Ani spricht, wenn er zu diesem Arit gelangt:

Er sitzt dort und tut das, was seinem Herzen gefällt und er wiegt die Worte als Helfer des Thot. Die Stärke des Thot läßt die verborgenen Ma'at-Götter still werden, die sich all ihre Jahre von der Ma'at ernähren.

(Papyrus des Ani)

Re segelt mit gutem Wind und das Sektet-Boot kommt gut voran und erreicht seinen Hafen. Die Seeleute des Re jubeln und das Herz des Herrn des Lebens ist froh, denn der Feind des Herrn ist zu Boden gefallen.
Siehe – Horus hält Wache in dem Boot und Thot und Ma'at stehen auf seinen beiden Seiten!

(Papyrus des Ani)

Der „Herr des Lebens" ist Re.

Möglicherweise jubelten die Seeleute damals beim Erreichen des Hafens so wie heute die Passagiere beim Touch-down des Flugzeuges klatschen. Diese Deutung ist jedoch unsicher – vielleicht jubeln sie einfach über den Sieg des Re.

Thot spricht zu den Richtern:

Hört diese Rede und urteilt gerecht! Ich habe das Herz des Toten geprüft, wobei sein Ba als Zeuge gegen ihn aufstand. Sein Fall ist auf der Großen Waage als gerecht befunden worden. Er hat die Opfer in den Tempeln nicht vermindert, er hat das Geschaffene nicht beschädigt, er hat nichts ausgeplaudert gegenüber Außenstehenden solange er auf Erden weilte.

Die Götter:

Wahrhaft gerecht ist dieser Verstorbene! Keine Sünde ist an ihm, keine Anklage liegt gegen ihn vor bei uns. Der Fresserin soll keine Gewalt gegeben werden über ihn. Laß ihm Speisen zuteil werden, die von Osiris kommen, und ein Grundstück im Opfergefilde wie den Gefolgsleuten des Horus.

(Totenbuch)

Ich bin Isis und ich bin aus dem Gefängnis, in das mich mein Bruder Seth gesperrt hat, herausgetreten.

Seht, der Gott Thot, der Große Gott, der Herr der Ma'at im Himmel und auf der Erde, sprach zu mir:

Komme nun, Isis, Du Göttin, denn es gibt gute Dinge zu hören, denn es wurde Leben dem gegeben, der dem Rat eines anderen gefolgt ist.

(die Erzählung der Isis)

Der, dem Leben gegeben wurde, wird der wiedergeborene Osiris sein. Er wurde von Isis wiedergeboren, der dabei auf magische Weise von Thot geholfen wurde.

5. Ma'at und der Skarabäus (Kephera)

Dies sind die Worte, die der Gott Neb-er-tcher gesprochen hat, nachdem er entstanden war:

Ich bin der, der in der Gestalt des Skarabäus entstanden ist und ich bin der Schöpfer von dem, was entstanden ist, das heißt, ich bin der Schöpfer von allem, was entstanden ist – und die Dinge, die ich erschuf und die aus meinem Mund hervorkamen, nachdem ich selber entstanden war, waren groß an Zahl.

Der Himmel war noch nicht entstanden, die Erde gab es noch nicht und auch nicht die Kinder der Erde und die kriechenden Wesen waren zu dieser Zeit noch nicht geformt worden.

Ich fand nirgends einen Ort, auf dem ich hätte stehen können.

Ich erschuf einen magischen Spruch in meinem Herzen und ich legte die Fundamente aller Dinge durch die Ma'at und ich erschuf alles, was eine Form hat.

Da war ich noch alleine mit mir selber, denn ich hatte noch nicht den Gott Shu erschaffen und ich hatte noch nicht die Göttin Tefnut ausgespien und es gab niemanden, der mit mit hätte zusammenwirken können.

Ich legte die Fundamente der Dinge in meinem eigenen Herzen und es entstand die Vielfalt der erschaffenen Dinge, die aus den erschaffenen Dingen entstanden, die von den erschaffenen Dingen geboren wurden, die aus dem heraus entstanden, was sie hervorgebracht hat.

(die Legende des Gottes Neb-er-tcher und die
Schöpfungsgeschichte)

„Neb-er-tcher" bedeutet „Herr bis an alle Grenzen" und beschreibt offenbar einen allmächtigen Gott.

„Aus dem Mund hervorkommen" bedeutet wahrschenlich, daß der Gott die Dinge durch sein magisches Wort erschaffen hat.

Die „Kinder der Erde" sind die Menschen.

Der Wille im Herzen wird im Mund zu dem schöpferischen Wort, das von Ma'at erfüllt ist.

6. Ma'at und Ptah

Ptah ist ähnlich wie Osiris ein Totengott – beide sind in Mumienbinden gewickelt. Während in den Mythen des Osiris jedoch das Gleichnis zwischen Mensch und Getreide prägend ist (Aussaat = Geburt; Wachsen = Leben; Ernte = Tod), werden die Mythe des Ptah durch sein Erschaffen der Menschen aus Lehm auf einer Töpferscheibe bestimmt. Diese Mythe des Ptah ist der Ursprung des biblischen Berichtes der Erschaffenung der ersten Menschen aus Lehm.

Jedermann wendet sich an Dich, um Dich anzuflehen.
Deine Ohren stehen offen, sie zu hören und ihren Wunsch zu erfüllen.
Unser Ptah, der seine Kunstwerke liebt,
der Hirte, der seine Herde liebt!
Sein Lohn (für uns) *ist ein gutes Begräbnis für ein Herz,*
das mit der Ma'at zufrieden ist.

(Papyrus Chester Beatty IV)

Heil, laßt uns ihm (Ptah) *lobsingen:*
dem Herrn der Ma'at, ausgezeichnet an Liebenswürdigkeit,
gewaltig an Kraft auf seinem Großen Thron,
in seinem Namen „Herr der Ma'at"!

(aus dem Berliner Ptah-Hymnus; Papyrus 3048)

Sei gegrüßt, Ptah!
Seid gegrüßt, ihr Göttern, die ihr aus Deinem Leibe entstanden seid!
Wie groß bist Du angesichts Deiner Urgötter!
Du bist gerechtfertigt durch Deine Ma'at;
Thot – er läßt sie zu Dir aufsteigen,
er befriedigt Dich mit ihr.

(aus dem Berliner Ptah-Hymnus; Papyrus 3048)

114

Vorderseite einer Ptah-Stele:

Lob spenden dem Ptah, dem Herrn der Ma'at, dem König der beiden Länder, dem Schöngesichtigen auf seinem großen Thron, dem Großen Gott inmitten der Neunheit, dem Geliebten als König der beiden Länder:

Möge er leben, heil sein und gesund sein,
Lob und Beliebtheit haben,
und mögen meine Augen Amun schauen im Verlauf eines jeden Tages,
wie es für einen Gerechten getan wird,
der Amun in sein Herz gegeben hat.

Gesprochen von dem Dieners in der Totenstadt Nefer-abet, der in Ma'at ist.

Rückseite derselben Ptah-Stele:

Anfang der Verkündigung der Machterweise des Ptah Südlich-seiner-Mauer, durch den Dieners in der Nekropolis in Theben-West, Nefer-abet, der in Ma'at ist. Er sagt:

Ich bin der Mann, der falsch geschworen hat bei Ptah, dem Herrn der Ma'at. Er hat mich Finsternis sehen lassen am Tage.
Ich werde seine Machterweise künden dem, der ihn nicht kennt, und dem, der ihn kennt, den Kleinen und den Großen:
Hütet euch vor Ptah, dem Herrn der Ma'at, denn er läßt niemandes Frevel ungestraft. Fürchtet euch, den Namen des Ptah zu Unrecht auszusprechen, denn wer ihn zu Unrecht ausspricht, der kommt zuschanden!
Er bewirkte, daß ich lebte wie die Hunde der Straße, weil ich in seiner Hand bin; er bewirkte, daß Menschen und Götter auf mich schauten, weil ich war wie einer, der seinem Herrn Abscheuliches angetan hat.
Gerecht ist Ptah, der Herr der Ma'at, gegen mich, er hat mir eine Lehre erteilt. Sei mir gnädig! Möge ich Deine Gnade sehen!

Durch den Dieners in der Nekropolis von Theben-West, Nefer-abet, in Ma'at bei dem Großen Gott.

Deine Mutter ist Ma'at, Amun, Dein allein ist sie, aus Dir ging sie hervor, erzürnt, um zu verbrennen, die Dich angegriffen hatten.
Gerecht ist der Eine, Amun, mehr als alle Geschöpfe.

(London; Stele BM 589)

„In Ma'at sein" bedeutet, einen Prozeß gewonnen zu haben. Das bezieht sich auch auf das Jenseitsgericht.

Dieser Text eines Totenstadt-Priesters ist sehr ungewöhnlich, da er sozusagen eine

Bitte um Vergebung an den Gott Ptah ist, ihm seine Vergehen zu verzeihen, nachdem er bereits von Ptah bestraft worden ist, weil er „bei Ptah" falsch geschworen hat, d.h. vermutlich im Tempel des Ptah einen Meineid abgelegt hat.

7. Ma'at und Hapi

Er ist der, der die Ma'at festigt in den Herzen der Menschen,
die Lügen sprechen, nachdem sie arm geworden sind.
Der sich vermischt mit dem Ozean,
der den Korngott nicht leitet
und den doch alle Götter verehren,
der bewirkt, daß sich die Vögel auf der Wüste niederlassen.
Niemand kann seine Hand in Gold hineinstecken,
kein Mensch wird von Silber trunken,
echten Lapislazuli kann man nicht essen –
Gerste aber ist die Grundlage der Gesundheit.

(Nilhymne des Cheti)

„Hapi" ist der Nil. Ohne ihn gäbe es Ägypten nicht, da er das einzige Wasser in Ägypten ist. Warum er Menschen wieder zur Ma'at zurückführen kann, ist nicht so recht klar.

Hapi, also der Nil, vermischt sich mit dem Ozean, weil er in das Mittelmeer mündet.

Der „Korngott" ist Osiris. Er kann ohne den Nil, also ohne Hapi nicht gedeihen.

Daß Hapi den Korngott Osiris nicht leitet, könnte sich darauf beziehen, daß das Meer den in einem Baumstamm verborgenen Leichnam des Osiris nach Byblos in Kleinasien und nicht wieder zurück nach Ägypten hat treiben lassen. Diese Deutung ist jedoch recht unsicher – zumal das Byblos-Motiv recht jung ist.

Genügend Getreide als Speise ist der größte Schatz. Und dieser Schatz des Osiris, der ja der Korngott ist, kann nicht ohne die Wasser des Nils entstehen. Möglichweise liegt hier auch der Bezug des Hapi zur Ma'at: Osiris schützt und erhält die Ma'at, und der Nil ermöglicht die Existenz des Korngottes Osiris – folglich ist der Nil die Grundlage der Ma'at.

Der Nil und die Ma'at werden aber nur in dieser einen Hymne miteinander in Verbindung gebracht – wenn man einmal von den alljährlichen Nilfluten als einem Ausdruck der Richtigkeit der Ma'at, die auch als die Rhythmen der Natur erscheint, absieht.

8. Ma'at und Hathor

Hathor anbeten, die Herrin der beiden Länder, die Herrscherin der westlichen Wüste, durch X; er sagt:

Sei gegrüßt, Große, Herrin des Himmels, Herrscherin aller Götter,
die Re-Harachte-Atum in sich aufnimmt bei seinem schönen Untergang,
Herrin der Spitze des Westgebirges;
die ihren Vater Re in Frieden empfängt, die Mutter der Götter,
die in ihr zur Ruhe gehen.
Herrin der Seienden, der die gehören, die noch nicht sind;
sie liebt das Eintreten und verabscheut das Herauskommen.
Das Land sehnt sich danach, dort zu sein.
Mögest Du mich umfangen in Gemeinschaft der Gelobten,
mögest Du mich bergen in Dir für immer.
Ich komme zu Dir mit Ma'at,
ich tat kein Unrecht auf Erden.
Ich habe getan, was den König beglückt
und worüber die Götter zufrieden sind.
Ich bin in Jubel zur Herrin des Westens gekommen,
um den zu erfreuen, der in ihr ist.
Der Himmel und die beiden Länder sind Horus gegeben;
ich habe den Tag seiner Thronbesteigung in Jubel verbracht.

(Totenbuch Dublin 4)

Hathor nimmt als Himmels- und Jenseitsgöttin die Sonne am Abend sowie die Toten in sich auf. Dies ist eine nur geringfügige Umdeutung des älteren Motivs der Wiederzeugung der Toten im Jenseits zusammen mit der Jenseitsgöttin.

Das Westgebirge ist das Jenseits.

Die „die noch nicht sind", könnten die Seelen der noch nicht geborenen Menschen sein. Da wäre jedoch ein für Ägypten recht ungewöhnlicher Gedanke.

„Horus" ist in diesem Text der Pharao.

9. Ma'at bei der Bestattung

Da die Toten die Qualität der Ma'at brauchten, um in das Jenseits eingelassen zu werden, findet sich die Ma'at in fast allen Texten, die sich auf die Bestattung, die Jenseitsreise und das Jenseitsgericht beziehen.

Wie bei allen Texten-Beispielen in diesem Buch, findet sich im Folgenden nur eine sehr kleine Auswahl.

a) Ma'at ist die Essenz des Jenseitsgerichts

Groß ist Ma'at die Mächtige und Unveränderliche – sie ist niemals gebrochen worden seit der Zeit des Osiris.

(Papyrus Prisse)

Die „Zeit des Osiris" ist die Gründung des ägyptischen Reiches, da Osiris als der erste Pharao angesehen wurde.

Das Land des Sonnenuntergangs empfängt Dich mit Zufriedenheit und die Göttin Ma'at umarmt Dich am Morgen und am Abend.

(Papyrus des Ani)

Das „Land des Sonnenuntergangs" ist das Jenseits.

b) Die Prüfung des Herzens

Da sprach Horus zu den Göttern, die hinter dem Schrein standen:

Prüft mich, o ihr Götter,
die ihr in dem Gefolge des Khenti Amenti seid;
erhebt euch und geht nicht fort;
und seid alle euer eigener Meister,
und kommt und lebt genußvoll von dem Brot des Hu
und trinkt von dem Bier der Ma'at
und lebt von dem, von dem auch mein Vater hier lebt.

(Pfortenbuch: Die Pforte von Tchebti)

„Hu" ist der Gott der Worte. Hier wird die Ma'at als die Speise der Toten im Jenseits beschrieben.

Ich bin zu Dir gekommen, da ich Dich (Osiris) *und Deine Wesen kenne*
und Deine Gestalt in der Unterwelt verehre,
wie Du da sitzt, die Ma'at Dir gegenüber,
und die Herzen auf der Waage richtest,
während ich vor Dir stehe, mein Herz voller Ma'at,
keine Lüge in meinem Sinn.

(Stele London BM 142)

Ma'at aber wird ewig sein,
sie steigt an der Hand dessen, der sie tat, ins Totenreich hinab.
Er wird begraben und vereint sich mit der Erde,
aber sein Name wird nicht ausgelöscht sein auf Erden,
sondern man gedenkt seiner wegen seiner guten Taten.

(der redegewandte Bauer)

c)   Die 42 Unschuldsbeteuerungen

Ich habe kein Unrecht begangen.
Ich habe keinen gewalttätigen Raub begangen.
Ich habe nicht gestohlen.
Ich habe weder Mann noch Frau getötet.
Ich habe kein Getreide gestohlen.
Ich habe keine Opfergaben entwendet.
Ich habe keinen Besitz der Götter gestohlen.
Ich habe keine Lügen ausgesprochen.
Ich habe keine Speisen fortgetragen.
Ich habe keine Flüche ausgesprochen.
Ich habe keinen Ehebruch begangen und ich habe nicht bei Männern gelegen.
Ich habe niemanden zum Weinen gebracht.
Ich habe nicht das Herz gegessen.
        (= kein Leid verursacht)
Ich habe niemanden angegriffen.
Ich bin kein Betrüger.
Ich habe keinen bestellten Acker gestohlen.
Ich habe nicht heimlich gelauscht.
Ich habe niemanden verleumdet.
Ich bin nicht ohne guten Grund wütend geworden.
Ich habe nie die Frau eines Mannes verführt.
Ich habe nie die Frau eines Mannes verführt.
        (dieselbe Aussage wie zuvor, aber an einen anderen der 42 Götter gerichtet)
Ich habe mich nicht selber beschmutzt.
Ich habe niemanden eingeschüchtert.
Ich habe nicht das Gesetz übertreten.
Ich bin nicht zornig gewesen.
Ich habe meine Ohren nicht den Worten der Wahrheit verschlossen.
Ich habe nicht die Götter gelästert.
Ich war kein gewalttätiger Mensch.
Ich habe nicht den Frieden gestört.
Ich habe nicht voreilig geurteilt.
Ich habe mich nicht in andere Dinge eingemischt.
Ich habe meine Worte nicht beim Sprechen vermehrt.
Ich habe niemandem Unrecht getan und habe nichts Böses getan.
Ich habe keine Magie gegen den Pharao gerichtet.
Ich habe niemals den Fluß des Wasser aufgehalten.
        (um mehr Wasser auf die eigenen Feldern zu leiten)

Ich habe niemals meine Stimme erhoben.
        (arrogant oder wütend gesprochen)
Ich habe niemals eine Gottheit verflucht oder gelästert.
Ich habe niemals aus böser Wut heraus gehandelt.
Ich habe niemals das Brot der Götter gestohlen.
Ich habe niemals den Totengeistern die Khenfu-Kuchen fortgenommen.
Ich habe niemals einem Kind Brot fortgenommen noch meinen Stadtgott abwertend behandelt.
Ich habe nicht das Vieh, das den Göttern gehört, geschlachtet.

                    (die 42 Unschuldsbeteuerungen; Papyrus des Ani)

Diese Litanei, von der es verschiedene Varianten gibt, die jedoch nicht allzusehr voneinander abweichen, zeigt, was die Ägypter unter einem Leben „in Ma'at" verstanden haben.
Einige weitere Unschuldsbeteuerungen aus anderen Texten sind:

Ich habe das Hohlmaß nicht verletzt.
Ich habe nichts Krummes getan.
Ich habe nicht gewuchert.
Ich habe keine Rationen veruntreut.
Ich habe keinen Schaden angerichtet.
Ich war nicht vergeßlich.
Ich habe mich nicht aufgeblasen und über meinen Stand erhoben.

Aus diesen 42 Unschuldsbeteuerungen sind nach dem Auszug der Juden aus Ägypten die 10 Gebote des Moses geworden:

1. Ich bin der Herr, dein Gott. Du sollst keine anderen Götter haben neben mir.
     => Dieses Gebot ist neu und entspricht dem von Echnaton inspirierten
         Monotheismus.
2. Du sollst den Namen des Herrn, Deines Gottes, nicht mißbrauchen.
     => Dieses Gebot ist aus „nicht die Götter lästern" entstanden.
3. Du sollst den Feiertag heiligen.
     => Dieses allgemeine Kult-Gebot ist neu – aber das Nicht-Befolgen des
         Kultes der Götter war für die Ägypter weitgehend undenkbar.
4. Du sollst Deinen Vater und Deine Mutter ehren.
     => Auch dieses Gebot taucht in den 42 Unschuldsbeteuerungen nicht auf,
         weil die Eltern der Haupthalt für einen Ägypter gewesen sind.
5. Du sollst nicht töten.
     => Dieses Gebot ist eine der wichtigsten der 42 Unschuldsbeteuerungen.
6. Du sollst nicht ehebrechen.

=> Dies wird gleich mehrfach erwähnt.

7. Du sollst nicht stehlen.

=> Auch dies wird mehrfach erwähnt.

8. Du sollst nicht falsch Zeugnis reden wider deinen Nächsten.

=> Das „nicht lügen" findet sich deutlich differenzierter und schließ das „nicht wütend reden", das „nicht unbedacht sprechen", „Wutanfälle" usw. mit ein.

9. Du sollst nicht begehren Deines Nächsten Haus.

10. Du sollst nicht begehren Deines Nächsten Weib, Knecht, Magd, Vieh noch alles, was dein Nächster hat.

=> Diese beiden letzten Gebote gehören offensichtlich zusammen. Sie sind die Zusammenfassung von mindestens 16 verschiedenen Unschuldsbeteuerungen.

Es fällt auf, daß die 10 Gebote sehr formal und „hart" sind, während die 42 Unschuldsbeteuerungen sehr viel feine Nuancen enthalten wie das „nicht lauschen", das „nicht unbeherrscht reden", „niemanden zum Weinen bringen", „niemanden einschüchtern" usw.

Über die 10 Gebote hat die Ma'at also auch in die christlich geprägte abendländische Kultur Einzug gefunden, wobei diese Regeln dabei – wie bereits gesagt – deutlich formaler und härter geworden sind. Diese Entwicklung läßt sich überall beobachten, wo die Maßstäbe der Jungsteinzeit (die Richtigkeit der Ma'at) zu den Prinzipien des Königtums (Gesetze) geworden sind.

d) Das bestandene Jenseitsgericht

Es spricht der Osiris, der König, der Herr der beiden Länder, Men-Ma'at-Re, dessen Wort Ma'at ist, der Sohn der Sonne, der aus seinem Körper hervorging, der ihn liebt, der Herr der Kronen, Seti Mer-en-Ptah, dessen Wort Ma'at ist:

Seid gegrüßte, o ihr Herren der Ma'at, die ihr frei von Unrecht seid, die ihr ewig existiert und lebt – doppelt so lange wie die Ewigkeit – : Men-Ma'at-Re, dessen Wort Ma'at ist, der Sohn der Sonne, der aus seinem Körper hervorging, der ihn liebt, der Herr der Kronen, Seti Mer-en-Ptah, dessen Wort Ma'at ist – er ist vor euch zu einem Geist geworden mit allen seinen Würden, er hat die Macht durch seine Machtworte erlangt, und er ist geschmückt mit seiner Pracht.

O bewahrt den Osiris, den König, den Herrn der beiden Länder, Men-Ma'at-Re, dessen Wort Ma'at ist, der Sohn der Sonne, der Herr der Kronen, Seti Mer-em-Ptah, dessen Wort Ma'at ist – vor dem Krokodil in diesem See der Ma'ati

(Pfortenbuch auf dem Sarkophag des Pharaos Seti I)

Der Pharao wir hier als „Osiris", d.h. als ein im Jenseits Wiedergeborener bezeichnet. Die Einleitung zu diesem Text ist der offizielle Titel des Pharaos Seti I, die sozusagen seine „Regierungserklärung" zum Zeitpunkt seiner Thronbesteigung ist.

Der Titel „Mer-em-Ptah" bedeutet „der von Ptah geliebt wird".

Die Worte, die von dem Verstorbenen ausgesprochen werden müssen, wenn er zur Halle der Ma'ati kommt, die ihn von seinen Sünden trennen und die ihn den Gott, den Herrn der Menschheit sehen lassen.

(Überschrift des 125. Kapitels des Totenbuchs des Ani)

Der „Gott" ist Osiris.

Die „Halle der Ma'ati"; also die „Halle der zweifachen Wahrheit" bzw. die „Halle der beiden Ma'at-Göttinnen", ist das Jenseitsgericht.

Dies sind die, die auf Erden die Wahrheit sprechen, und die nicht den üblen Gedanken über die Götter verfallen sind. Sie führen an dieser Pforte ihre Anrufungen durch, sie leben von der Ma'at, und in ihren Brunnen ist kühles Wasser.

(Pfortenbuch: Die Pforte von Saa-Set)

Wer einmal in der Wüste gewesen ist, weiß, welch ein Schatz kühles Wasser ist und warum dies hier als großes Geschenk aufgefaßt wird …

e)   Die Opfergaben sind Ma'at

Sie werden ihre Opfergaben durch das Wort,
das zu Ma'at wird, erhalten;
sie werden ihre Trankopfer auf der Erde durch das Wort,
das zu Ma'at wird, erhalten.

(Pfortenbuch: Die Pforte von Teka-Hra)

Durch die Ma'at werden die Opfergaben im Diesseits auch im Jenseits real – die Ma'at aus der Opfergabe, die hier der Lebenskraft gleicht, gelangt bei der Opferung in das Jenseits.

f)   Das Grab

Ich habe dieses Grab mit meinem Besitz, der in Ma'at ist, errichtet –
ich habe niemals jemanden etwas fortgenommen.

(Grabinschrift)

Alle Menschen, die für mich gearbeitet haben,
für die habe ich gehandelt, daß sie mit über die Maßen gedankt haben.
Sie haben dieses Grab für mich errichtet und Brot, Bier und Kleidung,
Salböl und Korn in reichlicher Weise erhalten.
Niemals habe ich irgendwen unterdrückt.

(Grabinschrift)

Ich bin aus meiner Stadt herausgegangen (gestorben)
und hinabgestiegen aus meinem Gau (in mein Grab),
nachdem ich die Ma'at darin gesagt
und die Ma'at darin getan hatte.

(Grabinschrift)

Was ihr aber gegen dieses Grab tun werdet,
das wird in gleicher Weise gegen euren Besitz
von euren Nachkommen getan werden.
Ich habe niemals irgendeinen Streit gehabt,
seit meiner Geburt habe ich niemals verursacht,
daß jemand die Nacht unzufrieden verbracht hat
wegen irgendetwas.
Ich bin einer, der Opfer dargebracht hat,
den sein Vater liebte, den seine Mutter liebte,
der geehrt war bei seinen Mitbürgern,
der wohlgelitten war bei seinen Brüdern,
der geliebt war von seinen Dienern
der niemals Streit hatte mit irgendwelchen Menschen.

(Grabinschrift)

Ich habe Gutes gesagt und Gutes getan
ich habe Ma'at gesagt und Ma'at getan.
Ich gab Brot dem Hungrigen
und Kleider dem Nackten.

(Grabinschrift)

Möge zu Wasser das Krokodil gegen den kommen,
möge zu Lande die Schlange gegen den kommen,
der etwas gegen dieses Grab tut!
Ich habe niemals etwas gegen ihn getan –
der Gott wird ihn richten!

(Grabinschrift)

10. Ma'at und die Weisheitslehren

In den Weisheitenlehren wird das Wort „ma'at" nur ab und zu einmal erwähnt, aber diese Weisheiten zeigen seh anschaulich, was die Ägypter unter einem Handeln in Ma'at verstanden haben.

a) Die Weisheitslehren des Hordedef (Fragment)

(ca. 2700 v.Chr.)

Anfang der geschriebenen Lehren, die von dem Erbfürsten, Gaufürsten und Königssohn Hordedef für seinen Sohn, den er aufgezogen hat, dessen Name „Au-Ib-Re" ist, geschrieben hat.
Er spricht:

(1.)   *Reinige Dich selber mit Deinen Augen, damit Dich nicht ein anderer reinigt* (d.h. für etwas kritisiert).

(2.)   *Wenn Du gedeihst, gründe einen Haushalt, nimm die Herrin Deines Herzens, dann wird Dir ein Sohn geboren werden. Du erbaust ein Haus für Deinen Sohn, wenn Du ein Haus für Dich selber erbaust* (das Haus wird vererbt).

(3.)   *Errichte Dir eine Wohnstatt an dem Toten-Ort, mache Dir ein würdiges Heim im Westen* (Totenstadt auf der Sonnenuntergangs-Seite des Nils).

(4.)   *Nimm es an, daß der Tod uns demütigt, daß das Leben uns erhört – das Haus des Todes ist für das Leben.*

(5.)   *Suche die gut bewässerten Felder auf.*

(6.)   *Wähle für ihn* (den Bestattungs-Priester) *einen Ort in Deinen Feldern, der jedes Jahr* (von der Nilflut) *gut bewässert wird. Er wird Dir mehr Nutzen bringen als Dein eigener Sohn* (durch den Totenkult) *– bevorzuge ihn sogar vor ... ...* (hier endet der erhaltene Teil der Weisheitslehren)

b) Die Weisheitslehren des Wesirs Ptah-hotep

(ca. 2600 v.Chr.)

In diesem Text erscheinen oft die Worte „der Gott". Damit kann sowohl ein konkreter Gott gemeint sein als auch der Pharao, der auch selber als Gott angesehen wurde („Sohn des Sonnengott Re", „Sohn des Osiris", „Horus"). Meistens bezieht sich „der Gott" auf den Pharao, aber an manchen Stelllten könnte auch Re, Ma'at, Osiris oder eine andere Gottheit gemeint sein.

Die Anweisungen für den Aufseher der Stadt, den Wesir Ptah-hotep, während der Herrschaft des Isosi, des Königs von Unter- und Oberägypten, der für immer leben wird bis zum Ende der Zeit.

Der Aufseher der Stadt, der Wesir Ptah-hotep – er spricht:

O Fürst, mein Herr, das Ende des Lebens naht;
das hohe Alter läßt sich auf mich nieder,
die Schwäche naht und die Kindlichkeit wird erneut.
Der, der alt ist, legt sich jeden Tag mit Leiden nieder:
Die Augen sind klein, die Ohren sind taub.
Die Kraft ist verringert, das Herz hat keine Ruhe.
Der Mund schweigt und spricht kein Wort;
das Herz hält inne und erinnert sich nicht an das Gestern.
Die Knochen im ganzen Leib schmerzen
das Gute wird zu Üblem.
Der Geschmackssinn geht fort.
Das sind die Dinge, die das hohe Alter den Menschen antut
– alle diese Dinge sind von Übel.
Die Nase ist verstopft, der Atem ist schwach,
sowohl Stehen als auch Sitzen sind beschwerlich.

Möge man 'dem Diener da' (mir) befehlen, sich einen 'Stab des Alters' (Helfer) zu schaffen!
Laß mich zu ihm die Worte derer sprechen, deren Rat die Menschen in der alten Zeit gelauscht haben – die Worte derer, die einst den Göttern zugehört haben.
Ich bitte Dich, laß dies geschehen, damit das Unrecht von den verständigen Menschen verbannt wird und damit die beiden Ufer (Ägypten) erleuchtet werden.

Da sprach die Majestät dieses Gottes (der Pharao):

Lehre Du die Worte der Vergangenheit. Dann wird er ein Vorbild sein für die Söhne der hohen Beamten. Mögen sie eintreten und zusammen mit ihm (Deinem Sohn) *lauschen. Mache ihre Herzen gerade* (froh) *und sprich mit ihnen ohne sie zu ermüden. Sprich zu ihm, denn niemand wird weise geboren.*

Hier beginnen die Sprichworte der schönen Rede, gesprochen von dem Erb-Fürsten, dem heiligen Vater, dem von Gott Geliebten, dem ältesten Sohn des Königs – von seinem Leib, dem Leiter seiner Stadt, dem Wesir Ptah-hotep, als er die Unwissenden in der genauen Weise der schönen Rede unterwies.
Ruhm sei dem, der sie befolgt, und Schande dem, der sie nicht befolgt!

So sprach er zu seinem Sohn:

(1.)   *Sei nicht stolz, weil Du gelehrt bist, sondern sprich mit dem unwissenden Mann genauso wie mit dem Weisen. Denn kein Können hat eine Grenze und es gibt keinen Handwerker, der schon alles kann.*
Nach schöner Rede wird mehr gesucht als nach Grünstein (Smaragd?)*, doch kann sie selbst bei den Frauen an den Mühlsteinen gefunden wird.*

(2.)   *Wenn Du einen Streitenden findest, einen, der wohlgesonnen und weiser ist als Du, dann lasse Deine Arme hängen, beuge Deinen Rücken und sei nicht wütend über ihn, wenn er Dir nicht zustimmt.*
Halte Dich davon zurück, übel zu sprechen; widersprich ihm niemals, wenn er spricht. Er wird ein Nichts-Wissender genannt werden, wenn Deine Beherrschung Deines Herzens seinen Hügel von Worten übertrifft.

(3.)   *Wenn Du einen Streitenden findest, einen Gefährten, einen der in Deiner Reichweite ist, dann schweige, wenn er etwas sagt, das von Übel ist; dann wirst Du weiser sein als er.*
Groß wird der Beifall der Zuhörer sein und Dein Name wird bei den Fürsten wohlangesehen sein.

(4.)   *Wenn Du einen Streitenden findest, einen armen Mann, also einen einen, der Dir nicht gleichgestellt ist, dann trage ihm gegenüber keinen Zorn in Deinem Herzen, weil er niederer ist als Du. Laß ihn allein – dann wird er sich selber widerlegen.*
Stelle ihm keine Fragen, um Deinem eigenen Herzen Vergnügen zu bereiten, und schütte auch nicht Deine Wut über den, der vor Dir ist, aus. Es ist eine Schande, ein einfaches Gemüt zu verwirren.
Wenn es Dich dazu drängt, dem zu folgen, was in Deinem Herzen ist, dann betrachte es als eine Sache, die die Fürsten überwinden sollten (die Angelegenheit sollte den Richtern überlassen werden).

(5.)   *Wenn Du ein Anführer bist, einer, der viele anführt, dann strebe immer*

129

danach, rechtschaffen zu sein, damit Dein eigenes Verhalten ohne Makel ist.

Groß ist die Ma'at und sie bestimmt einen geraden Pfad; noch nie ist sie umgestoßen worden seit der Herrschaft des Osiris (der mythologische erste Pharao).

Einer, der das Gesetz übertritt, soll bestraft werden – das ist es, was die Gierigen übersehen.

Es sind die mit einem kleinen Geist, die Reichtümer anhäufen. Doch Übeltaten haben noch nie ihre Beute in den Hafen gebracht.

Wer auch immer spricht: „Ich ergreife es für mich selber.", meint niemals „Ich ergreife es für meine Bedürfnisse."

Doch die Grenzen des Gesetzes sind standfest; das ist das, was ein Mann wiederholt, wie es sein Vater gesagt hat.

(6.)   *Erschaffe keine Furcht unter den Menschen, denn das bestraft der Gott in gleicher Weise. Doch wenn Menschen sagen „Auf diese Weise lebe ich.", wird es ihnen an Brot für ihren Mund mangeln.*

Wenn Menschen sagen „Ich werde Macht haben.", dann werden sie einst sagen müssen „Ich habe mich selber durch meine Listen gefangen gesetzt."

Wenn ein Mensch spricht „Ich werde jemanden berauben.", dann wird er als Sklave für einen anderen enden.

Niemals geschieht das, was Menschen angestrebt haben, denn das, was Gott bestimmt hat, das wird geschehen.

Lebe daher in dem Haus der Freundlichkeit – dann werden sogar Menschen kommen und selber Geschenke bringen.

(7.)   *Wenn Du unter den Gästen eines Mannes bist, der größer ist als Du, dann nimm das an, was er Dir gibt und führe es an Deine Lippen* (essen). *Starre nicht das an, was vor dem Gastgeber steht – denn Drängen wird von dem Ka* (Lebenskraftkörper) *verabscheut.*

Sprich nicht, bevor er Dich angesprochen hat – man weiß nie, was seinem Herzen zufolge etwas Übles sein mag.

Sprich, wenn er Dich fragt – dann wird Deine Rede in seinen Augen gut sein.

Der Edle, der vor der Speise sitzt, teilt sie so, wie es sein Ka ihm eingibt. Er gibt dem, den er bevorzugt – das ist der Brauch beim Abendmahl. Es ist sein Ka, der seine Hand lenkt.

Es ist der Edle, der gibt – es ist nicht der Untergebene, der etwas verlangt.

Daher steht das Essen des Brotes unter der Fürsorge des Gottes – wer das bezweifelt, ist ein Unwissender.

(8.)   *Wenn Du ein Bote bist, der von einem Edlen zu einem anderen gesandt wird, dann tue genau das, was der, der Dich gesandt hat, befohlen hat, und überbringe die Botschaft genau so, wie er es es gesagt hat.*

Achte darauf, daß Du keine Feindschaft durch Worte erschaffst und den einen Edlen gegen den anderen wendest – bleibe bei der Ma'at. Übertrete sie nicht.

Wiederhole auch nicht das, was ein Mensch, sei er Fürst oder Bauer, Dir beim Auswaschen seines Herzens (emotionale Aussprache) *gesagt hat – das verabscheut der Ka* (Lebenskraftkörper).

(9.) *Wenn Du gepflügt hast und Du eine große Ernte von Deinem Feld einholst – dann reiß Deinen Mund nicht gegenüber Deinen Nachbarn auf* (angeben), *denn ein schweigsamer Mann ist höher angesehen.*

Wenn ein Mann von gutem Charakter der Besitzer von Reichtum ist, ergreift er die Dinge wie ein Krokodil – selbst vor dem Gericht.

Schmähe nicht einen Mann, der keine Kinder hat, tadle ihn nicht und gebe selber nicht an. Auch ein Vater kann viel an Leid haben und die Mutter von Kindern kann unglücklicher als eine kinderlose Frau sein.

Den einsamen Mann nährt der Gott, doch der Herr einer Sippe kann fordern, daß man ihm Gefolge leistet.

(10.) *Wenn Du ein niederer Mann bist, dann folge einem weisen Mann, damit all Dein Verhalten vor dem Gott gut sein wird.*

Wenn Du einen Mann ohne hohen Stand kennst, der in seinem Rang befördert worden ist, dann sei nicht hochmütig wegen dem, was Du über ihn weißt, sondern ehre den, der in seinem Rang befördert worden ist, wegen dem, was er geworden ist – denn gute Dinge kommen nicht von selber – der, der sie erlangen will, muß etwas dafür tun. Wenn ein Mensch sich rührt und die Reichtümer ansammelt, dann wird der Gott ihn wohlhabend machen und ihn in seinem Schlaf behüten.

(11.) *Folge in Deinem Leben Deinem eigenen Herzen – tue nicht mehr als Dir gesagt wird.*

Verringere nicht die Zeit, in der Du Deinem Herzen folgst – die Seele verabscheut es, wenn ihr ihre Zeit der Muße fortgenommen wird. Verkürze die Mußezeit am Tag nicht mehr als dafür notwendig ist, um Dein Hausstand in Ordnung zu halten.

Wenn Reichtümer angesammelt werden, dann folge trotzdem Deinem Herzen, denn Reichtümer sind nutzlos, wenn Du erschöpft bist.

(12.) *Wenn Du ein weiser Mann bist, dann zeuge einen Sohn um den Gott zu erfreuen. Wenn er nach Deinem Vorbild einen geraden Weg geht, wenn er Deine Angelegenheiten in guter Weise regelt, dann tue alles Gute für ihn, denn er ist Dein Sohn, der ein Schößling Deines Ka* (Lebenskraftkörper) *ist – deshalb trenne Dein Herz nicht von ihm.*

Doch ein Nachkomme kann Sorgen bereiten: Wenn er in die falsche Richtung geht und Deinen Rat nicht achtet, wenn er rücksichtslos ist und sich nicht an das gute Benehmen hält und gewalttätig ist und wenn jedes Wort, das aus seinem Mund kommt, ein abscheuliches Wort ist – dann wende Dich gegen seine Rede.

Sie (Götter und Menschen) *schätzen den nicht, der Dir Mühe bereitet, denn seine Widerspenstigkeit wurde ihm schon im Mutterschoß gegeben.*

Der, den sie (die Götter) *leiten, kann sich nicht verirren, doch der, der kein Boot hat, kann nicht übersetzen.*

(13.) *Wenn Du in der Ratshalle bist, dann handle stets entsprechend der Schritte, die Dir zu Beginn des Tages vorgeschrieben worden sind. Der Blick dessen, der den Bericht vorträgt, ist eifrig – der Platz dessen, der ihn hereingerufen hat, ist breit.*

Weit (behaglich) *ist der Sitz dessen, der jemanden anspricht.*

Der Rat handelt nach festen Regeln und all sein Vorgehen ist gut geordnet.

Es ist der Gott, der einen Menschen auf einen der Sitze dort befördert – und das wird nicht für Ellbogen-Menschen getan.

(14.) *Wenn Du unter Menschen bist, dann wähle Menschen, denen Du vertrauen kannst – und sei selber vertrauenswürdig.*

Einer, der ein vertrauenswürdiges Herz hat, läßt nicht einfach seines Bauches Rede heraus (ist nicht impulsiv).

Ein Herr von Gütern – wie ist er?

Sein guter Name ist entstanden, weil Du nicht über ihn gesprochen hast.

Dein Leib wird besser genährt sein als der Deiner Nachbarn.

Dir wird das gegeben werden, was Du brauchst.

Doch der Mann, dessen Herz seinem Bauch gehorcht, wird Abscheu anstelle von Liebe erzeugen. Sein Herz ist hinterhältig, sein Leib ist fett, er ist unverschämt gegenüber denen, die von dem Gott beschenkt worden sind. Der, der seinem Bauch gehorcht, hat einen Feind (seinen eigenen Bauch und die Menschen, die er bedrängt hat).

(15.) *Berichte Deine Taten ohne Dein Herz zu verschlucken* (ohne etwas zu verbergen) *und sage Deine Meinung im Rat Deines Herrn.*

Jeder, der fließend reden kann, wird es nicht schwer finden als Bote seinen Bericht vorzutragen. Es wird ihm auch niemand antworten: „Wer ist er, daß er das wissen kann?"

Der Herr, der ihn dafür bestrafen will, wird in seinen Angelegenheiten scheitern.

Dann sollte der Bote sagen „Ich habe gesprochen." und schweigen.

(16.) *Wenn Du ein Anführer bist, dann sorge dafür, daß die Anweisungen, die Du gegeben hast, auch ausgeführt werden.*

Und tut alle Dinge so hervorragend, daß auch an den Tagen, die noch kommen werden, die Menschen noch an Dich denken werden.

Ein Gerichtsverfahren hat seine Ursache nicht in Lobpreisungen.

Wahrlich – dort, wo ein Krokodil auftaucht, entsteht Haß.

(17.) *Wenn Du ein Anführer bist, dann sei gnädig, wenn Du der Rede eines Unter-gebenen lauschst. Halte ihn nicht auf bis er seinen Bauch von dem geleert hat, was er sagen wollte.*

Ein Opfer sehnt sich danach, sein Herz zu waschen (sich auszusprechen) – *noch mehr als das zu erreichen, weshalb er gekommen ist.*

Über den, der einen Bittsteller unterbricht, wird man sagen: „Warum stößt er ihn zurück?"

Nicht all das kann erreicht werden, weshalb der Bittsteller gekommen ist, aber ein gutes Zuhören ist schon wohltuend für das Herz.

(18.) *Wenn Du eine Freundschaft in irgendeinem Haus erhalten willst, in das Du eintrittst – sei es als Meister, als Bruder oder als Freund – dann hüte Dich davor, wohin auch immer Du gegangen bist, Dich den Frauen zu nähern.*

Kein Ort gedeiht, an dem dies getan wird. Und es ist auch nicht weise, daran teil-zunehmen – tausend Männer haben ihr Leben für ein kleines Vergnügen, das kurz wie ein Traum ist, ruiniert. Selbst der Tod kann auf diese Weise erlangt werden – es ist eine verfluchte Sache.

Es ist ein übler Rat, den Rivalen zu erschießen! Wen man das tun will, versucht das Herz, einen davon abzuhalten. Und für den, der in seiner Lust nach der Frau schei-tert, wird keine Angelegenheit mehr gedeihen.

(19.) *Wenn Du willst, daß Deine Taten gut sind, dann halte Dich von allem Übel fern und achte auf die Kennzeichen der Habsucht, die eine schlimme Krankheit ohne Heilung ist. Laß es nicht zu, daß Du ihr verfällst.*

Sie (die Habgier) *trennt die Schwiegerväter voneinander und auch den Sippen-Mann von der Schwiegertochter, sie entfremdet die Frau von ihrem Mann.*

Sie (die Habgier) *versammelt alles Üble um sich – sie ist der Gürtel aller Verkom-menheit* (das Gefäß, in dem sich alles Üble sammelt).

Doch der Mann, der gerecht ist, wird gedeihen; die Ma'at geht in seinen Fußstapfen und er erschafft sich sein Heim in ihr, doch die mit gierigem Herzen werden kein Grab haben.

(20.) *Begehre nicht die Anteile der anderen und greife nicht nach dem Besitz von anderen in Deiner Sippe.*

Begehre nicht das, was Deinem Nachbarn gehört, denn ein Edler erreicht mehr mit Lob als mit Macht. Der mit Macht Gierige wird allein sein – ihm fehlt das, was Worte bringen können (die Geborgenheit in der Sippe).

Schon nur ein kleiner Teil von dem, wonach jemand giert, kann einen Mann mit kühlem Bauch (Gelassenheit) *zu einem Streitenden machen.*

(21.) *Wenn Du weise sein willst, dann sorge für Dein Haus und liebe Deine Frau, die in Deinen Armen liegt. Fülle ihren Bauch, bekleide ihren Rücken – Öl ist ein*

Heilmittel für ihre Glieder. Erfreue ihr Herz solange Du lebst – sie ist ein fruchtbares Feld für ihren Herrn.

Sprich in einer Gerichtsverhandlung nicht gegen sie. Halte sie von Macht fern, zügele sie – ihr Auge ist ihr Sturm, wenn sie blickt (Anspielung auf das Horusauge).

Das ist es, was sie im Haus halten wird (was eine Trennung vermeidet).

Wenn Du sie zurückstößt – dann wirst Du Tränen sehen!

Ihre Vagina ist eine ihrer Handlungsmöglichkeiten – sie kann ihren Kanal (Vagina) *öffnen, um Dich zu etwas zu drängen.*

(22.) *Stelle Deine angeheuerten Untergebenen zufrieden mit den Dingen, die Du besitzt – das ist die Pflicht derer, die von dem Gott begünstigt worden sind. Jeder, der das Glück seiner Untergebenen vernachlässigt, wird „Ka* (Lebenskraftkörper), *der nur an sich selber denkt" genannt.*

Niemand weiß, was kommen wird, wenn man das Morgen plant.

Der Ka eines guten Mannes ist ein Ka, der mit sich selber in Frieden ist.

Wenn Augenblicke des Lobpreises kommen, werden es die Untergebenen sein, die jubeln.

Auch wenn man keine Nahrung in die Stadt bringen kann, kann man doch Freunde mitbringen, wenn sie gebraucht werden.

(23.) *Wiederhole keine zügellosen Reden und höre ihnen nicht zu, denn sie sind die Aussprüche derer, die einen heißen Bauch haben* (die sich schnell aufregen).

Wiederhole nur, was Du gesehen hast, aber nicht das, was Du nur gehört hast.

Wenn es nur Kleinigkeiten sind, dann sage nichts – und siehe: Der, der vor Dir ist, wird Deinen Wert erkennen.

Es ist so, daß jeder das erhält, was er erschafft. Entsprechend dem Gesetz wird sich Haß gegen den erheben, der selber haßt. Verleumdung ist ein Traumbild, gegen das man sein Gesicht bedeckt (gegen das man sich schützt).

(24.) *Wenn Du ein weiser Mann sein willst und einer, der mit in dem Rat seines Herrn sitzt, dann strebe nach der Vollkommenheit Deines Herzens.*

Schweigen ist Dir nützlicher als ein Übermaß an Rede. Sage nur das, wobei Du auch den Knoten lösen kannst (was Du erklären kannst). *Es sind Wort-Künstler im Rat – Reden ist schwieriger als jede andere Kunst.*

Der, der es entknoten (erklären) *kann, ist der, der es ans Laufen bringen kann.*

(25.) *Wenn Du mächtig bist, dann sorge dafür, daß Du wegen Deines Wissens und Deiner Freundlichkeit verehrt wirst.*

Befehle nur dort, wo es auch passend ist. Der, der bissig redet, wird Schwierigkeiten ernten.

Hebe Dein Herz nicht empor (Übermut), *damit es nicht wieder herabgeholt wird* (Scheitern).

Sei nicht schweigsam, wenn Dich das stolpern läßt.

Wenn Du der Rede eines brennenden (wütenden) *Manne antwortest, dann blicke nieder und beherrsche Dich selber – dann wird der Speer des Mannes mit dem heißen Kopf an Dir vorüberfliegen.*

Wer sanft auftritt, wird sehen, daß sein Pfad mit Steinplatten gepflastert ist (leicht begehbar ist).

Wer den ganzen Tag ein trauriges Herz hat, wird keinen einzigen glücklichen Augenblick haben.

Wer den ganzen Tag ein leichtfertiges Herz hat, wird niemals ein festes Haus haben.

Die Bogenschützen erreichen ihr Ziel wie einer, der das Ruder führt und das Land erreicht – sie haben ein Ziel.

Der, der seinem Herzen folgt, wird das Rechte erschaffen.

(26.) *Behindere nicht den Fürsten, wenn er beschäftigt ist – und beschwere nicht das Herzen dessen, der bereits schwer beladen ist. Denn er wird dem feindlich gesonnen sein, der ihn behindert, doch er wird seinen Ka* (Lebenskraftkörper) *dem öffnet, der ihm Liebe zeigt.*

Das ist das Geschenk der Hilfe – durch den Edlen und durch den Gott: Was er liebt, wird getan.

Wenn er Dir wieder sein Gesicht zuwendet, wenn der Sturm (Wut) *sich gelegt hat, wird sein Ka wieder Frieden finden und einen Wall gegen seine Feinde. Liebe geben bewirkt Gedeihen.*

(27.) *Lehre den Großen in den Dingen, die ihm nützlich sind – sei seine Hilfe vor dem Volk.*

Seine Zufriedenheit wird auf Dich zurückstrahlen, denn Deine Verpflegung kommt von seinem Ka. Der Bauch dessen, der beliebt ist, wird zufrieden (satt) *sein; und Dein Rücken wird bekleidet sein – und auch das Leben in Deinem Haus wird durch ihn gedeihen. Dein Vorgesetzter, den Du liebst, wird durch Deine Liebe gefördert und er wird daher auch Dich gut nähren.*

Auf diese Weise wird die Liebe zu Dir in dem Bauch (in den Gefühlen) *derer, die Dich lieben, weiterbestehen.*

Siehe: Es ist der Ka, der gerne zuhört.

(28.) *Wenn Du ein bekannter Mann bist, der die vielen Menschen miteinander versöhnen soll, dann nimm die Dummheit aus den Worten heraus.*

Wenn Du sprichst, dann lehne Dich nicht nach einer Seite (sei unparteiisch), *damit sich niemand beschwert: „Der Richter, er richtet seine Rede zu der Seite, die er bevorzugt!", denn dann werden sich Deine Taten vor Gericht gegen Dich wenden.*

(29.) *Wenn Du einem Mann eine frühere Verfehlung vergeben hast, dann neige Dich ihm wegen seiner Tugenden zu. Erwähne nicht das Alte, rufe es nicht in*

Erinnerung, wenn er am ersten Tag danach Dir gegenüber schweigsam gewesen ist.

(30.) *Wenn Du groß bist, nachdem Du klein gewesen bist, und wenn Du Reichtümer nach Armut erlangt hast in einer Stadt, die Du gut kennst und in der Deine frühere Lage allgemein bekannt ist, dann lege das Vertrauen Deines Herzens nicht in Deinen Hort; denn er ist nur als ein Geschenk des Gottes zu Dir gekommen.*
Du bist nicht der Einzige – andere werden Dir gleich sein und sie werden dasselbe an Wohlstand und Rang erreichen.

(31.) *Beuge Deinen Rücken vor Deinem Herrn (verbeuge Dich), vor Deinem Aufseher im Palast des Königs, denn Dein Haus hängt von seinem Wohlstand ab und ebenso Dein Lohn an den Tagen. Wie töricht ist der, der mit seinem Herrn streitet, denn man lebt nur solange, wie er gnädig ist. Die Schulter, die gezeigt wird, wird nicht verletzt (es schadet nicht, sich zu verbeugen).*
Plündere nicht die Heime der Nachbarn, stehle nicht den Besitz von Freunden, damit sie Dich nicht wegen Deines Verhaltens verklagen, bevor Du etwas sagen kannst.
Ein Streitender ist ein Mann mit zu wenig Herz. Wenn er als Streitsucher bekannt ist, wird dieser Feindliche Ärger in der Nachbarschaft haben.

(32.) *Wenn Du das Wesen eines Freundes in einer Sache erkennen willst, dann frage nicht seine Begleiter danach, sondern verbringe eine Zeit lang alleine mit ihm. Sprich eine Zeit lang mit ihm, prüfe dann sein Herz dadurch, daß Du mit ihm über die Sache sprichst.*
Wenn das, was er in sich gesehen hat, ihm wieder entgleitet, wenn er das, was Dich wütend macht, wieder tut, dann sei trotzdem freundlich zu ihm oder schweige. Beherrsche Dich und sprich ruhig mit ihm. Antworte ihm nicht auf feindliche Weise, maßregele ihn nicht und demütige ihn nicht. Seine Zeit wird noch kommen – man entkommt nicht dem, was für einen bestimmt ist.

(33.) *Laß Dein Gesicht in der Zeit, die Du zu leben hast, strahlen.*
Das, was aus dem Lagerhaus geht, kehrt nicht wieder zurück – es ist das Brot, das verteilt wird, das den Streit verursacht.
Der, dessen Bauch leer ist, ist ein Ankläger, und der, gegen den sich jemand richtet, wird zum Gegner. Achte darauf, daß er nicht Dein Nachbar ist.
Es sind die freundlichen Taten, an die man sich nach den Jahren seines Lebens erinnern wird.

(34.) *Es ist förderlich, gut über die Menschen an Deiner Seite Bescheid zu wissen – dann werden Deine Güter gedeihen.*
Sei nicht von schwachem Charakter gegenüber Deinen Freunden, denn sie sind ein Kanal, der ausgerichtet und gefüllt wird (sie sind eine große Hilfe) – sie sind wichtiger als Reichtümer. Das, was einem selber gehört, soll auch den anderen gehören!

Die gute Tat wird dem Sohn eines Mannes (einem selber) *zugute kommen. An einen guten Mann wird man sich* (auch nach dessen Tod) *erinnern.*

(35.) *Strafe wie ein Herr – doch sage klar, warum. Das Aufhalten von Bosheit ist ein beständiges gutes Vorbild.*
Bosheit – aber nicht Mißgeschick – läßt den Klagenden zu einem Feind werden.

(36.) *Du sollst keinen Anal-Sex mit einem Jungen haben* (wie Seth mit Horus gegen dessen Willen), *denn er wird gegen das Wasser auf seiner Brust kämpfen* (Samen? Tränen?). *Er kann keine Zufriedenheit finden. Werde nicht verrückt vor Verlangen, sondern werde wieder kühl nach dem Vergehen gegen sein Herz.*

(37.) *Wenn Du Dir eine Frau von gutem Wesen nimmst, die von ihrem Herzen her ungebunden und in ihrer Stadt gut bekannt ist, dann füge sie* (nimm sie zur Frau) *entsprechend dem zweifachen Gesetz* (von Ober- und Unterägypten). *Genieße sie, wenn der rechte Augenblick gekommen ist, trenne Dich nicht von ihr und lasse sie essen, denn die, die die Freude im Herzen tragen, halten ein genaues Gleichgewicht.*

- - -

Wenn Du auf das hörst, was ich sage, werden alle Deine Pläne gedeihen. Ihr Wert besteht darin, daß die Taten der Ma'at anregen.
Die Erinnerung an sie besteht in dem Reden der Menschen wegen der Vollkommenheit der Macht in ihnen fort. Wenn jedes Wort von ihnen weitergetragen wird, wird diese Rede in diesem Land nicht untergehen. (Das hat Ptah-hotep vor ca. 4600 Jahren geschrieben, d.h. in etwa zu der Zeit, als die großen Pyramiden erbaut wurden, und auch erreicht …)
 Dies sind Ratschläge, die den Edlen gegeben werden, damit die Großen ihnen entsprechend reden. Es hängt von dem ab, was einem Mann zu sagen gelehrt wurde, was später aus ihm wird. Der, der dies hört, wird ein Meister-Hörer werden. Es ist gut, zu seinen Nachkommen zu sprechen – sie werden hören.
 Wenn der, der anführt, mit gutem Beispiel vorangeht, dann wird er allzeit förderlich sein und seine Weisheit wird für alle Zeit dauern. Der, der wissend ist, wird seinen Ba (Seele) *mit dem nähren, was beständig ist, sodaß er auf Erden glücklich ist.*
 Wer bekannt ist, ist wegen seiner Weisheit bekannt, und die Großen sind es durch ihre guten Taten.
 Möge sein Herz seine Zunge bewegen und mögen seine Lippen genau sein beim Sprechen! Mögen seine Augen sehen! Mögen seine Ohren erfreut sein über das, was seinem Sohn nützlich sein wird! Denn in Ma'at zu handeln ist frei von jedem Makel.

Wohltätig ist das Hören für den hörenden Sohn.
Wenn das Gehörte in den Hörenden eintritt,
wird der Hörende zu einem, auf den gehört wird.
Wenn das Hören gut ist, ist das Reden gut,
und der Hörende ist ein Besitzer von Wohltätigem.
Wohltätig ist das Hören für den Hörenden,
das Hören ist besser als alles andere,
denn es erschafft vollkommene Liebe.
Wie schön ist es, wenn ein Sohn auf das hört, was sein Vater sagt:
dadurch wird ihm wird ein hohes Alter zuteil;
denn ein Hörender ist ein von Gott Geliebter,
aber einer, der nicht hören kann, ist ein von Gott Gehaßter.
Es ist aber das Herz, das seinen Besitzer
zu einem Hörenden oder zu einem Nicht-Hörenden macht.
Leben, Heil und Gesundheit eines Mannes ist sein Herz.
Der Hörende hört das, was gesagt wird,
der Hören liebt und tut, was gesagt wird.
Wie gut ist es für einen Sohn, auf seinen Vater zu hören!

Wie glücklich ist der Sohn, zu dem gesagt wird: „Der Sohn erfreut als ein Meister des Hörens!"

Der Sohn, der auf seinen Vater hört, der dies sagt, ist gut in seinem inneren Wesen ausgerichtet und wird von seinem Vater geehrt.

Die Erinnerung an ihn ist in den Mündern der Lebenden – in denen derer, die auf Erden sind und in denen derer, die noch kommen werden.

Wenn der Sohn eines Mannes die Worte seines Vaters annimmt, wird keines seiner Vorhaben scheitern. Lehre Deinen Sohn, ein Hörender zu sein, einer, der von den Herzen der Edlen geschätzt wird, einer, der seinen Mund durch das leitet, was ihm gesagt wurde, einer, der als Hörender angesehen wird. Dieser Sohn wird Erfolg haben, seine Taten werden überragend sein – während Fehlschläge zu dem kommen, der nicht hört. Der Wissende erwacht früh zu seiner dauerhaften Gestalt, während der Narr ständig auf der Suche bleibt.

Der Tor aber, der nicht hört,
für den wird nichts getan;
Wissen sieht er als Unwissen an,
Förderliches als Schändliches;
Alles Schändliche tut er,
sodaß Klage geführt wird über ihn Tat für Tag.
Er lebt von dem, woran man stirbt,

seine Nahrung ist verdorbenes Sprechen.
Solche Menschen sind dem Fürsten bekannt –
nämlich: Er ist wie lebendig tot, Tag für Tag.
Man geht vorüber an seinen Notlagen
wegen der Menge des ihm Widerfahrenden, Tag für Tag.

Ein Sohn, der hört, ist einer im Gefolge des Horus (= Pharao). *Es wird ihm gut ergehen, wenn er hört. Wenn er alt und ehrwürdig geworden ist, wird er dasselbe zu seinen Kindern sagen und die Lehren seines Vaters erneuern.*
Jederman lehrt, wie er handelt.
Er spricht zu den Kindern, damit sie wieder zu ihren Kindern sprechen. Sei ein Vorbild, sei kein Ärgernis! Stehe fest in der Ma'at, damit Deine Kinder leben werden!
Über den, der als Bote der Isfet (Nicht-Richtigkeit) *kommt, über den werden die Leute sagen: „Das sieht ihm ähnlich!" Und sie werden zu dem, was sie hören, sagen: „Das sieht ihm ähnlich!"*
Laß alle sehen, daß sie (die Kinder des Edlen) *unter den vielen Menschen Frieden schaffen. Ohne sie sind Reichtümer wertlos.*
Nimm kein Wort fort, auch nicht, wenn Du es später zurückbringen willst. Setze nicht ein Wort an die Stelle eines anderen.
Achte darauf, daß Du nicht Deinen inneren Faden verliest (wankelmütig wirst), *damit kein Weiser sagt: „Höre! Wenn Du in dem Mund* (Gesprächen) *der Hörenden weiterbestehen willst, dann rede erst, wenn Du diese Kunst beherrschst!"*
Wenn Du auf gute Weise sprichst, werden alle Deine Vorhaben gelingen. Tauche in Dein Herz ein, zügle Deinen Mund, dann wirst Du unter den Schreibern bekannt sein. Sei genau, wenn Du vor Deinem Herrn stehst und handle so, daß er sagt: „Er ist wie ein Sohn!" Und die, die das hören, werden sagen: „Der, dem er geboren worden ist, ist gesegnet!"
Sei mit geduldigem Herzen in dem Augenblick, in dem Du sprichst, damit Du erhabene Dinge sprichst. Dann werden die Edlen, die das hören, sagen: „Wie gut ist das, was aus seinem Mund hervorkommt!"
Handele so, daß Dein Herr über Dich sagt: „Wie vollkommen ist er, den sein Vater gelehrt hat! Als er aus ihm hervorkam, aus seinem Leib hervorkam (als Sperma), *als er aus dem Bauch* (seiner Mutter) *hervorkam, sprach sein Vater zu ihm – und er vollbrachte sogar mehr als ihm gesagt wurde!"*
Siehe – der gute Sohn ist ein Geschenk des Gottes, er übertrifft noch das, was ihm von seinem Herrn gesagt worden ist, er tut Ma'at und sein Herz ist in seinen Schritten (Taten).
O mein Sohn! Wenn Du mir nachfolgst mit einem gesunden Leib und der König mit allem, was Du tust, zufrieden ist – mögst Du dann viele Lebensjahre erlangen!

(Schlußwort)

Es ist nicht gering, was ich auf Erden tat; ich lebte hundertundzehn Jahre – ein Geschenk des Königs – und ich erhielt Ehren, die die der Ahnen übertrafen. Denn dadurch, daß man die Ma'at für den König tut, erlangt man den Sitz des Ehrwürdigen.

(Schlußbemerkung)

Dies ist von Anfang bis Ende so, wie das Niedergeschriebene vorgefunden wurde.

Das Herz wird in diesem Text als der Sitz des eigenen Bewußtseins und des eigenen Charakters angesehen – das Herzchakra ist der Tempel der Seele.

Der Bauch, d.h. vermutlich das Sonnengeflecht und das Hara, werden hier als die Orte angesehen, in dem sich das Temperament befindet: die Hitze der Wut und der Unbeherrschtheit sowie die Kühle der Selbstbeherrschung und der Gelassenheit.

Deutlich seltener wird ein heißer Kopf als Sitz der Unbeherrschtheit genannt.

Es gibt in den ägyptischen Texten zwar noch mehr Hinweise auf Qualitäten von Körperteilen wie den Scheitel, auf dem sich der Segen eines Gottes niederlassen kann oder die Uräus-Schlange über den Augenbrauen (Drittes Auge), die mit der indischen Chakren-Lehre übereinstimmen, aber von einer ausformulierten Chakren-Lehre kann man in Ägypten nicht sprechen. Ähnliche Ansätze zu eiem Chakren-System gibt es auch bei anderen Völkern – schließlich kann jeder Mensch die Chakren in sich entdecken.

c) Die Weisheitslehren des Kagemni

(ca. 2300 v.Chr.)

(1.) *Der vorsichtige Mann wird gedeihen, der sorgfältige Mann wird gepriesen, die innerste Kammer wird dem schweigsamen Mann geöffnet* (Zugang zum Pharao). *Weit* (bequem) *ist der Sitz des Mannes mit freundlicher Rede; doch Messer werden beizeiten bereitet für den, der einen Weg erzwingt, damit er nicht voranschreitet.*

(2.) *Wenn Du mit Menschen zusammensitzt, dann giere nicht nach dem Brot, nach dem Dich verlangt. Es dauert nur einen Augenblick, das Herz zu bezähmen, doch Völlerei ist eine Schande und man zeigt mit dem Finger auf solch einen Menschen. Ein Krug voll Wasser löscht den Durst, ein Mundvoll Kräuter stärkt das Herz.*
Ein gutes Ding steht für das Gute allgemein, ein kleines Ding steht für die Fülle.
Abstoßend ist ein Mann, dessen Bauch unersättlich ist; er geht erst dann wieder, wenn er nichts mehr in seinen Bauch füllen kann.

(3.) *Wenn Du mit einem Vielfraß zusammensitzt, dann iß erst, wenn er wieder gegangen ist. Wenn Du mit einem Trinker zusammensitzt, dann trinke erst, wenn er fertig ist. Greife nicht nach Fleisch, wenn Du neben einem gierigen Mann sitzt, sondern nehme, was er Dir gibt, und weise es nicht zurück – dann wird er zur Ruhe kommen. Wenn jemand tadellos im Essen ist, wird nicht über ihn geredet werden.*

(4.) *Wenn ein Mann keine guten Gefährten hat, haben Worte keinen Einfluß auf ihn. Er hat ein saures Gesicht gegenüber denen, die ein freundliches Herz haben; er ist ein Leid für seine Mutter und seine Freunde; alle Männer sagen: „Laß uns Deinen Namen wissen* (zeige Dich) *– Du schweigst, wenn man Dich anspricht."*

(5.) *Wenn Du gerufen wirst, dann sei nicht großen Herzens* (eingebildet) *wegen Deiner größeren Kraft unter Deinen Gleichaltrigen, denn sonst wird man sich Dir entgegenstellen. Man weiß nicht, was geschehen wird und was Gott tun wird, wenn er straft.*

Der Wesir ließ seine Kinder rufen, nachdem er das Verhalten der Menschen ganz verstanden hatte. Sie staunten, als sie zu ihm kamen.
Am Ende sprach er zu ihnen: „Alles, was in diesem Buch geschrieben steht – befolgt es so, wie ich es gesagt habe. Tut nichts außer dem, was hier niedergeschrieben ist."
Da legten sie sich auf ihre Bäuche (Niederwerfung) *und lasen es laut vor – so wie es geschrieben stand. Und es war ihrer Meinung nach besser als alles bis hin zu den Grenzen dieses Landes. Sie standen und saßen* (verhielten sich) *so, wie es dort geschrieben stand.*

Dann starb die Majestät des Königs Huni von Ober- und Unterägypten. Die Majestät des Königs Snofru von Ober- und Unterägypten wurde als wohltätiger König über dieses ganze Land erhoben. Da wurde Kagemni zum Aufseher der Stadt und zum Wesir gemacht.

Es ist beendet.

d)   Der redegewandte Bauer

(ca. 2100 v.Chr.)

Dieser (fiktive?) Bauer lebte in den Unruhen der 1. Zwischenzeit, in der nach dem Ende des Alten Reiches Ägypten in mehrere Teilreiche zerfallen war, die teilweise zusammenarbeiteten, aber sich manchmal auch bekämpften. In dieser Zeit war die Landwirtschaft und daher auch die Nahrungsmittelversorgung in Ägypten weniger effektiv als in dem geeinten Pharaonen-Reich.

In dieser Erzählung finden sich viele Darstellung des Verhaltens, das „in Ma'at" ist und auch als Kontrast dazu auch Darstellungen des Verhaltens, das „in Isfet", also „nicht in Ma'at" ist.

Es war (einmal) *ein Mann; Chu-en-Inpu* („von Anubis beschützt") *ist sein Name. Er ist ein Oasenmann aus der Salzoase* (Wadi Natrun). *Dann war da noch seine Frau; Meret* („Geliebte") *ist ihr Name.*

Da sagte dieser Oasenmann zu dieser seiner Frau: „Siehe, ich ziehe nach Ägypten, um Lebensmittel für meine Kinder zu holen. Also geh und miß mir die Gerste ab, die noch im Speicher ist als Rest der Gerste von ‚gestern'."

Da maß sie für ihn sechs Scheffel Gerste ab.

Nun sagte dieser Oasenmann zu dieser seiner Frau: „Siehe, hier sind zwei Scheffel Gerste als Nahrung für Deine Kinder. Bereite für mich diese 6 Scheffel Gerste als Brot und Bier für jeden Tag. Bedenke, ich werde davon leben."

Dann zog dieser Oasenmann nach Ägypten, nachdem er seine Esel beladen hatte mit Wein, Nußgras, Natron, Salz, einem ausländischen Holz, Mandelholz aus dem 'Land der Rinder', Pantherfellen, Mejsut-Pflanzen, ausgenommenen Fischen und Vögeln, Ocker, Webn-Pflanzen, Abu-Gestein, Tebsu-Sträuchern, Wilder Minze, Gengenet-Pflanzen, Jeneb-Pflanzen, Samen der 'Erdhaar'-Pflanze, Tauben, Anis, Naru-Vögel – kurzum: beladen mit allen schönen Gaben der Salzoase.

Da ging dieser Oasenmann stromaufwärts in Richtung Süden bis nach Neni-Nesu (Herakleopolis). *Dann erreichte er das Gebiet von Per-Fefi* („Haus des Fefi"; vermutlich ein Ort in der Nähe von Daschur) *im Norden des Medenit-Gaus* (22. oberägyptischer Gau nur wenig südlich des Nil-Deltas).

Dort fand er einen Mann, der am Uferdamm stand; Djehutinechet („Stärke des Thot") *war sein Name. Er war der Sohn eines Mannes namens Iseri. Sie waren Leute des Oberhausverwalters Rensi, Sohn des Meru. Da sagte dieser Djehutinechet, als er die Esel dieses Oasenmannes erblickte, welche wünschenswert für sein Herz waren* (er wollte die Esel und die Waren auf ihnen besitzen) *– er sagte: „Ach, hätte ich doch irgendeinen vortrefflichen Plan, um die Habe diesem Oasenmann dort zu stehlen."*

Nun aber war das Haus dieses Djehutinechet am Rande des Weges. Eng war der Weg, nicht breiter als die Breite eines Leinenballens. Auf der einen Seite war das Wasser, auf der anderen Seite war das Korn.

Da sagte dieser Djehutinechet zu seinem Gefolgsmann: „Geh und bringe mir ein Laken aus dem Haus!" Da wurde es ihm sofort gebracht, und er breitete es an der Landestelle am Rande des Weges aus, so daß sein Saum im Wasser lag, seine Webkante im Korn.

Als der Oasenmann nun auf dem Weg aller Leute daherging, da sagte dieser Djehutinechet: „Paß auf, Oasenmann, daß Du nicht auf meine Kleider trittst!"

Da sagte dieser Oasenmann: „Ich handle nach Deinem Wunsch! Gut ist mein Weg!" Und er ging weiter.

Da sprach dieser Djehutinechet: „Wird für Dich etwa mein Korn zum Weg?" Da sprach dieser Oasenmann: „Gut ist mein Weg! Doch das Steilufer ist hoch, der Weg ist unter dem Korn, und Du stattest diesen Weg noch aus mit Deinen Kleidern! Wirst Du uns nicht vorbeiziehen lassen auf dem Weg?"

Da füllte sich einer der Esel sein Maul mit einem Büschel Korn. Da sagte dieser Djehutinechet: „Siehe, ich werde Dir Deinen Esel wegnehmen, Oasenmann, der mein Korn frißt! Siehe, er wird in der Scheune treten, damit er drischt!"

Da sagte dieser Oasenmann: „Gut ist mein Weg! Der eine Weg ist ungangbar gemacht, und ich schaffte es nicht, meinen Esel davon zurückzuhalten. Raubst Du ihn mir, weil er sein Maul gefüllt hat mit einem Büschel Korn? Außerdem kenne ich den Herrn dieses Gaus. Es gehört dem Oberhausverwalter Rensi, Sohn des Meru. Er ist es auch, der jedem Räuber in diesem ganzen Land entgegentritt. Soll ich denn beraubt werden in seinem Gau?"

Da sagte dieser Djehutinechet: „Ist dies nicht eine Redensart der Leute, den Namen des Ehrlosen zu rühmen durch seinen Herrn? Ich bin es, der zu Dir spricht, doch der Oberhausverwalter ist es, an den Du denkst."

Dann nahm er (Djehutinechet) *sich eine Rute der grünen Tamariske, und dann mißhandelte er* (Djehutinechet) *jedes seiner* (des Oasenmannes) *Körperglieder damit. Fortgenommen wurden auch seine* (des Oasenmannes) *Esel; sie wurden auf sein* (des Djehutinechet) *Gut geführt. Da begann der Oasenmann zu weinen, weil es so schlimm war, was man gegen ihn tat.*

Da sagte dieser Djehutinechet: „Erhebe nicht Deine Stimme, Oasenmann! Siehe, Du bist am Ort des Herrn der Stille!"

Da sagte dieser Oasenmann: „Du schlägst mich, Du raubst meine Habe und jetzt nimmst Du mir noch das Wehklagen aus meinem Mund? Herr der Stille, gib mir doch meinen Besitz (zurück)*, damit ich nicht beklagen muß Deine Schrecklichkeit."*

Da verbrachte dieser Oasenmann einen Zeitraum von zehn Tagen, in denen er diesen Djehutinechet anflehte, doch dieser richtete nicht seine Aufmerksamkeit darauf. Dann ging dieser Oasenmann südwärts nach Neni-Nesu, um anzuflehen den

144

Oberhausverwalter Rensi, Sohn des Meru. Er fand ihn beim Verlassen des Tores seines Hauses, um herabzusteigen zu seinem Dienstschiff.

Da sagte dieser Oasenmann: „Ach, wäre doch zugelassen, daß ich Dich unterrichte über eine Beschwerde. Vielleicht läßt Du Deinen Vertrauensgefolgsmann zu mir kommen und ich schicke ihn Dir mit einer Mitteilung darüber zurück."

Da ließ der Oberhausverwalter Rensi, Sohn des Meru, seinen Vertrauensgefolgsmann zu ihm gehen, und dieser Oasenmann schickte ihn mit einer Mitteilung über die ganze Sache zurück.

Da klagte der Oberhausverwalter Rensi, Sohn des Meru, diesen Djehutinechet bei den Ältesten an, die an seiner Seite waren.

Da sagten sie jedoch zu ihm: „Vielleicht ist es nur ein Oasenmann, welcher wegen eines anderen an seiner Seite kommt. Siehe, das ist es, was sie immer gegen ihre Oasenmänner tun, die wegen anderer gekommen sind. Siehe, das ist es nun mal, was sie tun. Ist dies ein Grund, diesen Djehutinechet zu bestrafen wegen eines bißchens Natron sowie eines bißchens Salz? Man befehle ihm, es zu ersetzen, und er ersetzt es."

Schweigen ist es, was der Oberhausverwalter Rensi, Sohn des Meru, dann tat. Nicht antwortete er den Ältesten darauf, und nicht antwortete er auch diesem Oasenmann.

Nun kam dieser Oasenmann, um den Oberhausverwalter Rensi, Sohn des Meru, zum ersten Mal anzuflehen.

Er sagte:

„Oberhausverwalter, mein Herr, Großer der Großen,
Führer dessen, was nicht ist, und dessen, was ist.
Wenn Du herabsteigst zum Teich der Gerechtigkeit,
mögest Du darauf mit günstigem Wind fahren.
Möge nie eine Bö Dein Segel abreißen.
Mögen Deine Schiffe nie zurückbleiben.
Möge nie Unheil auf Dein Holz (Schiff) kommen.
Mögen nie Teile Deines Schiffes zerschlagen werden.
Mögest Du nie den Grund berühren.
Möge Dich nie die Flut mitreißen.
Mögest Du nie das Böse des Stromes spüren.
Mögest Du nie einen furchtsamen Gesichtsausdruck erblicken.
Mögen die scheuen Fische zu Dir kommen
und mögest Du Beute machen in Form fetter Vögel.
Denn Du bist der Vater der Waise,
der Ehemann der Witwe,
der Bruder der Geschiedenen,
der Schutz dessen, der keine Mutter hat.

Lasse zu, daß ich Deinen Namen in diesem Land
zu jedem guten Gesetz mache,
o Führer, frei von Habgier,
o Großer, frei von Geiz,
der die Lüge zerstört,
der die Gerechtigkeit entstehen läßt
und der kommt wegen der Stimme,
die mein Mund erhebt.
Ich spreche und Du hörst.
Handele tugendhaft, o Gelobter,
den die Gelobten loben.
Beseitige meine Not.
Siehe, ich bin schwach deshalb.
Zähle mich und siehe, wie wenig ich bin."

Nun aber sagte dieser Oasenmann diese Worte zu der Lebenszeit seiner Majestät, des Königs von Ober- und Unterägypten, der in Ma'at ist (Pharao Nebkaure, 10. Dynastie; 2080-2060 v.Chr.).

Da ging der Oberhausverwalter Rensi, Sohn des Meru, zu seiner Majestät, und er sagte: „Mein Herr, ich habe einen dieser Oasenleute gefunden, der wahrhaft redegewandt ist. Es ist ihm geraubt worden seine Habe. Siehe, er ist gekommen, um sich darüber zu beschweren."

Da sprach seine Majestät: „Wenn Du mich gesund sehen willst, dann halte ihn hier hin und antworte nicht auf all sein Gesagtes. Damit er bleibt beim Reden, schweige, damit uns gebracht wird seine Rede als Schrift und damit wir es hören. Sorge für den Lebensunterhalt seiner Frau sowie seiner Kinder. Siehe, es kommt einer dieser Oasenmänner erst (um zu verkaufen und um zu kaufen), wenn sein Haus ganz leer ist. Sorge ferner für den Lebensunterhalt dieses Oasenmannes selbst. Du sollst veranlassen, daß man ihm Lebensmittel gebe, ohne ihn wissen zu lassen, daß Du es bist, der sie ihm gibt."

Da gab man ihm zehn Brote und zwei Krüge Bier jeden Tag, welche der Oberhausverwalter Rensi, Sohn des Meru, gab. Er gab es seinem Freund, und dieser war es, welcher es ihm (dem Oasenmann) gab. Dann sandte der Oberhausverwalter Rensi, Sohn des Meru, eine Botschaft an den Gutshofmeister der Salzoase, um Speisen zu bereiten für die Ehefrau dieses Oasenmannes aus drei Scheffeln Korn jeden Tag.

Da kam nun dieser Oasenmann, um sich bei ihm ein zweites Mal zu beschweren. Er sagte:

„Mein Oberhausverwalter, mein Herr,
Großer der Großen,
Reicher der Reichen,

welcher ein Großer seiner Großen
und ein Reicher seiner Reichen ist.
Steuerruder des Himmels,
Balken der Erde,
Lotschnur und Gewicht.
Steuerruder, nicht komme vom Kurs ab!
Balken, neige Dich nicht!
Lotschnur, weiche nicht ab!
Nimmt mein großer Herr das,
was keinen Herren hat
und raubt das, was allein ist?
Dein Besitz ist in Deinem Haus:
ein Krug Bier sowie drei Brote.
Doch was ist es, was Du tust,
um Deine Untergebenen zu sättigen?
Stirbt derjenige, der stirbt,
bei seinen Angehörigen?
Wirst Du ein Mann der Ewigkeit sein
ohne Ungerechtigkeit?
Ist es nicht Sünde?
Eine Waage, die schief ist?
Ein Lot an der Waage,
das in die Irre geht?
Ein wahrhaft aufrichtiger Mann,
der verwirrt wurde?
Siehe, die Gerechtigkeit,
sie flieht vor Dir,
sie ist verdrängt von ihrem Platz.
Die Beamten stiften Unheil,
die Berechnung (Bewertung) *der Worte ist parteiisch.*
Die Richter reißen an sich,
was eingenommen wurde.
Der Verstümmler des wahren Sinns der Worte ist es doch,
der dadurch Unheil anrichtet.
Der Luftgebende fehlt auf der Erde
und hört auf, atmen zu lassen.
Der zum gerechten Teilen Berufene
ist ein Betrüger.
Der, der die Not beseitigen soll durch einen Befehl,
bringt die Stadt zur Überschwemmung.

Wer dem Unrecht wehren soll,
stiftet selbst Unheil."

Da sagte der Oberhausverwalter Rensi, Sohn des Meru: *„Gibt es etwas so Großes bei Dir, was sich auf Deinem Herzen befindet, so daß Dich mein Gefolgsmann abführen muß?"*
Da sagte dieser Oasenmann:

„Der Kornhaufen-Abmesser betrügt für sich.
Was abgefüllt wird für einen anderen,
entspricht nicht dem Raummaß seines Besitzes.
Der Führer gemäß den Gesetzen
befiehlt den Raub.
Wer also tritt der Schändlichkeit entgegen?
Wer beseitigen soll die Schwäche,
handelt korrupt.
Wer einen anderen korrigieren soll,
wird gekrümmt.
Wer die Sache eines anderen verfechten soll,
tut Schlechtes.
Kurz ist das Widersetzen,
langandauernd ist das Unheil,
bis die gute Tat
wieder an den Platz von gestern zurückkehrt.
Es ist also ein Befehl:
Tue etwas für den Tuenden,
um zu veranlassen, daß er es weiterhin tut.
Das bedeutet, ihn zu lobpreisen für das, was er tut.
Das bedeutet, ihn nicht zu vertreiben, bevor er schießt (handelt).
Das bedeutet, etwas dem Herrn der Ordnung zu befehlen.
O daß doch Deine Kraft zugrunde gerichtet sei,
Schaden angerichtet in Deinem Weinberg,
verringert Deine Vögel,
vermindert Deine Wasservögel.
Der Sehende werde blind,
der Hörende taub.
Der Wegführer werde zum Verirrten.
Fürwahr, Gesundheit ist Dir gegeben.
Zu welchem Zweck tust Du denn etwas dagegen (gegen das Unrecht)?
Siehe, Du bist stark und mächtig,
Dein Arm ist ausgestreckt,

Dein Herz ist gierig.
Sei doch sanftmütig zu dem,
der bei Dir vorbeigeht.
Wie beklagenswert ist der Elende,
den Du zugrunde richtest.
Du gleichst einem Boten des Chenti (ein Unterweltsdämon).
Siehe, Du gehst vorüber an der Herrin der Pest (die Löwengöttin Sachmet).
Was nicht für Dich ist, ist nicht für sie.
Was nicht gegen sie ist, ist auch nicht gegen Dich.
Wenn Du es nicht tust, tut sie es auch nicht.
Sei sanft zum Herrn der Brote, sei hart zum Übeltäter.
Diebstahl kommt doch nur demjenigen zu, der selbst keine Habe hat.
Doch das Stehlen des Besitzes durch einen Räuber,
es ist eine üble Sache für denjenigen, der in Leere ist (Mangel leidet).
Aber Du bist ja satt durch Dein Brot,
berauscht durch Dein Bier,
Du bist reich an allem Leinen.
Das Gesicht des Steuermannes ist zwar nach vorn gerichtet,
doch kommt das Schiff vom Kurs ab,
wie es ihm gefällt.
Der König ist im Prunksaal,
also ist das Steuerruder in Deiner Hand,
wenn jemand Unheil in Deiner Nähe erschafft.
Ausgedehnt sind meine Bitten,
schwer lastet schon ein Teilstück von ihnen.
Was ist es, was damit ist?
So sagt man, erschaffe eine Zufluchtsstätte,
wo die Luft rein ist, denn siehe,
Deine Stadt, sie ist von Krokodilen umringt.
Laß Deine Zunge redlich sein,
Du sollst nicht in die Irre leiten,
denn sie (die Zunge) *ist ein Wurm des Mannes,*
ein Körperglied in ihm.
Nicht sage die Unwahrheit,
achte die Schreiber (Beamten).
Es ist ein Korb, der die Richter fett macht.
Die Unwahrheit zu sagen, ist ihr Kraut (Gemüse).
Und es liegt leicht auf ihrem Herzen.
Allwissender aller Leute,
verkennst Du meine Lage?

Beseitiger jeden Wassermangels,
siehe, ich bin unter den bootlosen Wegen.
Lotse aller im Wasser Treibenden,
rette den Schiffbrüchigen.
Rette mich aus meiner Situation bis zu Deinem Ende."

Dann kam der Oasenmann, um ihn zum dritten Mal anzuflehen, und sprach:

„ Oberverwalter, mein Herr!
Du bist Re, der Herr des Himmels,
zusammen mit Deinem Hofstaat.
Die Bedürfnisse eines jeden
mögen in Dir sein wie eine Flut,
denn Du bist Hapi (der Gott des Nils),
der die Felder ergrünen läßt
und die Viehweiden neu gründet.
Tritt dem Raub entgegen,
begrüße den Elenden,
werde nicht zur Flut gegen den Bittsteller!
Hüte Dich, die Ewigkeit nähert sich,
wenn Du wünschst, lange zu leben.
Wie man sagt:
,Es ist Atemluft für die Nase, das Rechte zu tun.'
Übe Bestrafung gegen ihn, der bestraft sein soll,
dann wird man Dich nicht an Ordnung übertreffen.
Geht denn die Handwaage in die Irre?
Ist denn die Standwaage parteiisch?
Und ist denn Thot (der Gott der Schrift und der Weisheit) *milde,*
daß Du Unheil anrichtest?
... ...
(Lücke im Text, der das Ende der 3. Rede, die 4. und 5. Rede sowie den Anfang der 6. Rede enthalten hat)
... ...
... die Paoru-Fische.
Der Fischer, er zerstört den Fluß.
Siehe, man betrügt nicht den Armen um seine Habe,
den Schwachen, den Du kennst.
Die Atemluft des Elenden ist seine Habe.
Es bedeutet ein Verstopfen seiner Nase,
ihm dies wegzunehmen.
Du bist eingesetzt worden,

um zu hören die Rede,
um schlichtend zu trennen die beiden (Streitenden),
um zu strafen den Räuber.
Siehe, es ist ein Beladen des Diebes (mit Waren), *was Du tust.*
Man hatte Vertrauen zu Dir,
doch Du bist es, der zum Missetäter wurde.
Du bist eingesetzt worden als ein Damm
für den Unglücklichen,
der beschützt vor seiner Flut,
doch nun bist Du ein See,
der mich fortzieht. "

Da kam nun dieser Oasenmann, um ihn anzuflehen zum sechsten Mal.
Er sagte:

„ Oberverwalter, mein Herr!
Eine Lüge zu beseitigen,
schafft Wahrheit.
Zu erschaffen nur das Beste
vernichtet alles Böse,
so wie Sättigung fernhält den Hunger
und Kleidung fernhält die Nacktheit,
so wie der Himmel sich beruhigt
nach dem heftigen Sturm
und erwärmt jeden Frierenden,
so wie die Flamme kocht das Rohe,
so wie Wasser löscht den Durst.
Blicke um Dich!
Der Schiedsrichter wird zum Betrüger,
der, der zufriedenstellen soll,
wird zum Kummer-Bereitenden.
Der, der Vollkommenes machen soll,
wird zum Leiden-Verursachenden.
Wer betrügt, verkleinert die Wahrheit.
Fülle gut, so daß nicht minderbefüllt ist
und nicht überquillt die Wahrheit.
Wenn Du etwas erwirbst,
gib auch an Deinen Gefährten.
Alleine kauen ist leer an Redlichkeit.
Mein Kummer führt zu Trennung,
mein Verhalten bringt den Weggang.

151

Nicht weiß man, was im Herzen geschieht ...

... ...

... ...

... ...

(Bei dennun noch folgenden Bruchstücken ist nicht bekannt, wie sie in die Reden des Oasenmannes eingefügt werden müssen.)

... ...

... ...

... ...

Ein Mann von guter Handlungsweise
kehrt zurück an seinen Ort von gestern,
denn es ist befohlen:
Handle für den, der für Dich gehandelt hat,
veranlasse, daß er tätig wird.
Daß heißt, ihm zu danken für das, was er getan hat.

... ...

Verhülle Dein Angesicht nicht gegenüber dem,
den Du gekannt hast,
sei nicht blind gegenüber dem,
auf den Du geblickt hast,
stoße nicht den zurück,
der sich bittend an Dich wendet,
sondern laß ab von dieser Trägheit (Zögern),
Deinen Ausspruch hören zu lassen.
Handle für den, der für Dich gehandelt hat!

... ...

Sein Gesicht ist blind gegenüber dem,
was er sieht,
taub gegenüber dem,
was er hört,
vergeßlich gegenüber dem,
was ihm in Erinnerung gerufen wird.
Der Beobachter erweist sich als blind,
der Anhörer als taub,
der Führer als Irreführer.
Der Verteiler ist geizig,
der Friedensstifter verursacht Trauer,
der Heiler stiftet Krankheit.
Die Standwaage steht schief,
das Zünglein irrt,

das Maß schwankt.
Der Rechnungsprüfer legt etwas auf die Seite,
die Richter schnappen sich das Gestohlene,

... ...

Die Zunge ist die Standwaage der Menschen,
die Handwaage ist es, die den Fehlbetrag feststellt.
Bestrafe den, der Strafe verdient!
Dann entsprichst Du der Richtigkeit.
Wenn die Lüge stirbt, dann geht sie in die Irre.
Sie fährt nicht über ins Jenseits mit der Fähre,
sie kommt nicht voran.
Wer durch sie reich wurde, hat keine Nachkommen,
der hat keine Erben auf Erden.
Wenn er mit ihr fährt, kommt er nicht an,
sein Schiff macht nicht fest im Hafen.
Sei nicht schwer, aber auch nicht zu leicht,
sei nicht langsam, aber übereile Dich auch nicht.
Sei nicht parteiisch, höre nicht auf die Begierde!
Verhülle Dein Antlitz nicht vor dem, der Dir bekannt ist,
sei nicht blind gegenüber einem, der Dich anblickt,
weise nicht zurück einen, der sich auf Dich verläßt!
Steig herunter von dieser Untätigkeit,
verkünde Deinen Urteilsspruch,
handle für den, der für Dich gehandelt hat!
Hör nicht auf jeden, der sich gegen ihn stellt.
Möge ein Mann vorgeladen werden zu seiner gerechten Sache.
Der Untätige hat kein Gestern,
der für die Wahrheit Taube hat keinen Freund,
der Habgierige hat keinen Festtag.
Wenn der Tadler zum Elenden wird,
und der Elende zum Bittsteller,
dann wird der Gegner zum Mörder:
Siehe, ich wende mich als Bittsteller an Dich,
aber Du hörst es nicht.
So werde ich sterben müssen
und werde mich Deinetwegen
als Bittsteller an den (Totengott) *Anubis wenden.*
Die Antwort auf den Dürstenden ist Wasser,
das Gelüst eines Säuglings steht auf Milch.
So ist der ersehnte Tod,

wenn er erblickt wird, wie er kommt,
so kommt endlich der Tod zu ihm.

... ...

Ma'at-Tun ist Luft für die Nase.

... ...

Es gibt kein Gestern für den Trägen,
es gibt keinen Freund für den,
der für die Ma'at taub ist,
es gibt kein Fest für den Habgierigen.

... ...

Jenes schöne Wort kam aus dem Munde des Re selber:
'Sage die Ma'at, tue die Ma'at!'

... ...

Habgier zerstört die Freundschaft.

... ...

Sage die Ma'at, tue die Ma'at,
denn sie ist groß und gewaltig;
sie ist beständig, ihre macht ist bewährt,
sie allein schützt die Versorgung des Grabes.

... ...

Mit geduldigem Herzen den Worten zuhören –
so einer ist in dieser Stunde dem Gott gleich.

... ...

Siehe, ich habe nun alles gesagt,
ich habe mich nun ganz ausgeleert
wie am Morgen den Urin. "

e) Die Weisheitslehren des Pharaos Kheti

(ca. 2070 v.Chr.)

(1.)   *Die Richter, die dem Unterdrückten Gerechtigkeit geben – Du weißt, wie gerecht sie sind, wenn der Tag für das Richten der Schuldigen dämmert, wenn die folgenreiche Stunde naht.*

(2.)   *Wehklagen folgen, wenn der Strafende kein Weiser ist; lege Dein Vertrauen nicht in ein langes Leben. Wenn es um diese Richter geht, könnte das Leben nur noch eine Stunde währen. Der Mensch überlebt den Tod. Und die Taten eines Menschen werden an seiner Seite aufgehäuft. Er steht vor der Aussicht auf die Ewigkeit –* (Jenseitsgericht) *der ist ein Narr, der diese Aussicht leicht nimmt.*

(3.)   *Doch der Mann, der makellos vor die Richter tritt, wohnt in dem Jenseits wie ein Gott, tritt stolz hervor wie die, die den Schlüssel zur Ewigkeit besitzen.*

(4.)   *Sei nicht rücksichtslos, denn es ist gut, großzügig zu sein; handle so, daß Dein Werk bestehen bleibt, weil es liebenswert ist. Sprich die Wahrheit in Deinem Haus, damit die Großen, die in dem Land herrschen, Dich respektvoll anblicken. Es ist das, was in dem Haus ist, was die Bewunderung durch das Außen hervoruft.*

(5.)   *Erhebe nicht jemanden von edler Geburt mehr als Du es mit dem Kind eines einfachen Mannes tun würdest, sondern wähle den Mann entsprechend seiner Taten.*

(6.)   *Die Tugend eines Mannes, dessen Herz in Ma'at ist, ist dem Gott* (Pharao) *angenehmer als der auserwählte Stier des Mannes, der Unrecht begeht.*

f) Die Weisheitslehren für Merikare (Auszug)

(ca. 2060 v.Chr.)

Sei ein Meister im Reden, um stark zu sein!
Der Schwertarm eines Königs ist seine Zunge.
Die Rede ist mächtiger als der Waffenkampf.

g)   Der Bericht des des Amenemhet I.

(ca. 1960 v.Chr.)

Die Weisheiten in diesem Buch unterscheiden sich deutlich von den beiden Weisheitslehren aus dem Alten Reich, die von Ptah-hotep und von Kagemni stammen. Das liegt daran, daß es inzwischen noch weitere Königreiche außer Ägypten gab – insbesondere in Mesopotamien (Assur, Babylon, Mitanni u.a.) und in der Türkei (Hethiter) – und daß es daher nun (im Gegensatz zum Alten Reich) auch schon die ersten Kriege gegeben hat. Das hat die Grundstimmung im „Großen Haus" (Palast des Pharaos) deutlich verändert.

Über den in diesem Text berichteten Anschlag auf den Pharao gibt es auch in der Überlieferung der Hethiter einen Bericht – demzufolge ist dieser Anschlag mit Unterstützung eines Schadenszaubers („Voodoo-Zauber") durch einen Priester durchgeführt worden. Zudem war ein Teil der Frauen des Harems des Pharaos an dem Anschlag beteiligt.

Der Bericht über diesen Anschlag auf den Pharao nimmt den weitaus größten Raum in dieser Weisheitslehre ein.

Hier beginnen die Anweisungen der Majestät des Königs von Ober- und Unterägypten, Sehotep-Ib-Re (der das Herz des Re zufrieden macht), Sohn der Sonne, Amenemhet (Amun ist an der Spitze), in Ma'at.

Er spricht und zeigt Worte der Ma'at seinem Sohn, dem Herrn der Welt (dem neuen Pharao)*:*

(1.)   Strahle hervor – so wie ein Gott.   Höre das, was ich Dir sage, damit Du über das Land herrschen kannst, daß Du die Welt beherrschen kannst, daß Du in Güte überragend sein wirst.

(2.)   Ziehe Dich von Deinen Untergebenen vollkommen zurück. Es kommt vor, daß ein Mensch einem anderen sein Herz öffnet und dieser andere ihm dann Furcht bereitet. Begib Dich niemals alleine unter sie; erfülle nicht Dein Herz mit Bruderschaft; vermeide Vertrauen zu Freunden; öffne Dich nicht Deinen Untergebenen – in diesen Dingen liegt kein Frieden.

(3.)   Wenn Du Dich niederlegst, dann sorge für Dein Leben, denn es gibt keine Freunde für einen Mann in den Tagen des Unheils.

Ich gab dem Bettler, ich sorgte dafür, daß der Waise leben konnte; ich veranlasste, daß dem, der nichts hatte, so viel gegeben wurde wie dem, der etwas besaß.

(4.)   Doch es war der, der meine Speisen aß, der den Aufstand gegen mich an-

führte; der, dem ich meine Hände reichte, erschuf den Aufstand; die, die mein feines Leinen trugen, betrachteten mich als einen Schatten; und es waren sie, die sich mit meinen Salben ölten und meinen Harem betraten.

(5.) *Meine Bilder sind unter den Lebenden und meine Errungenschaften sind unter den Menschen. Doch ich habe eine Helden-Geschichte verfaßt, wie sie unter den Menschen noch nie vernommen worden ist – eine große Waffentat, sie sie noch nie gesehen worden ist* (die Befreiung Ägyptens von der Fremdherrschaft).
Sicherlich kämpft man hier mit einem angeleinten Stier, der das Gestern wieder vergißt (es wird neue Angriffe auf Ägypten geben)*; und ein gutes Geschick nützt dem nicht, der das nicht erkennen kann.*

(6.) *Es war nach dem Nachtmahl und die Nacht war hereingebrochen. Ich nahm mir selber eine Stunde der Entspannung. Ich legte mich auf mein Bett nieder, denn ich war müde. Mein Herz begann zu wandern. Ich schlief. Und siehe! Da wurden Waffen geschwungen und da dränge man auf mich ein. Ich handelte wie die Schlange in der Wüste* (die sofort erwacht und sich wehrt).

(7.) *Ich erwachte mitten im Kampf; ich war allein. Ich fand einen, der niedergeschlagen war – es war der Anführer der Wache. Hätte ich rasch die Waffen aus seinen Händen erhalten, hätte ich die Feiglinge zurückgetrieben, in dem ich um mich geschlagen hätte. Doch er war kein mutiger Mann in dieser Nacht und konnte nicht alleine kämpfen – eine Gelegenheit für Heldenmut kommt nicht zu einem, der überrascht wird. Doch so war ich* (heldenmutig).

(8.) *Siehe, dann geschahen abscheuliche Dinge, denn ich war hier ohne Dich. Die Höflinge wußten nicht, daß ich meine Macht Dir weitergegeben hatte. Ich saß nicht zusammen mit Dir auf dem Thron. Laß mich daher meine Pläne erschaffen, denn ich fürchtete sie nicht, ich war mir ihrer nicht unbewußt, doch mein Herz hat mich nicht daran erinnert, wie nachlässig Diener sind.*

(9.) *Haben sich jemals zuvor Frauen mit Angreifern zusammengetan? Sind Angreifer in meinem Palast aufgewachsen? Sind sie hereingekommen, indem sie sich durch die Erde gegraben haben? Die Untergebenen haben sich in dem getäuscht, was sie zu tun vorgehabt haben. Doch Unglücke sind mir nicht gefolgt seit ich geboren worden bin und es hat auch niemanden wie mich gegeben, der solche Heldentaten vollbracht hat.*

(10.) *Ich habe meinen Weg hinauf nach Elephantine erzwungen, ich zog hinab zu den Küsten-Seen, ich habe auf den Grenzen des Landes gestanden und ich habe seine Mitte gesehen. Ich habe die Grenzen der Macht durch die Macht meiner Taten gesetzt* (Rückeroberung und Einigung von Ägypten).

(11.) *Ich habe Korn gepflanzt, ich habe Napre* (Korngott) *geliebt, der Nil bat mich um jedes Tal* (hat jedes Tal überflutet und fruchtbar gemacht). *Während meiner Herrschaft hat niemand gehungert, niemand hat in dieser Zeit gedurstet. Sie waren zufrieden mit dem, was ich getan habe und sie haben über mich gesagt: „Jeder Befehl wird ausgeführt."*

(12.) *Ich habe Löwen überwältigt, ich habe Krokodile fortgeschafft. Ich habe die Nubier unter meine Füße getreten, ich habe die Süd-Nubier fortgeschafft; ich ließ die Asiaten* (Mesopotamier) *fliehen – wie Hunde.*

(13.) *Ich habe mir ein Haus erschaffen, das mit Gold geschmückt ist, mit Decken aus Lapis Lazuli, mit Wänden, die tiefe Fundamente haben. Die Türen sind aus Kupfer, die Riegel aus Bronze. Es für die Ewigkeit erschaffen; die Ewigkeit betrachtet sie in Ehrfurcht. Ich kenne jede Größe von ihm, o Herr der Welt!*

(14.) *In dem Haus sind verschiedene Einrichtungen. Ich kenne die Aussprüche der Männer, wenn sie sich seine Schönheit anschauen. Doch sie wußten nicht, daß es ohne Dich war, o mein Sohn Senwesret* (Sesostris) *– mögest Du leben, gesund und stark sein! – und daß es für Dich war. Durch Deine Füße gehe ich; Du bist dem Wunsch meines Herzens gemäß; durch Deine Augen sehe ich; Du wurdest in einer Stunde des Entzückens geboren – mit Geistern, die Dich priesen.*

(15.) *Siehe – das, was ich am Anfang getan habe, laß es mich am Ende für Dich zurechtsetzen. Laß mich der Landeplatz* (eines Vogels, d.h. die Verwirklichung) *für das sein, was in Deinem Herzen ist. Alle Menschen* (Ägypter) *gemeinsam setzen die Weiße Krone auf den Nachkommen* (Sesostris) *des Gottes* (Amenemhet), *setzen sie an den ihr gebührenden Platz. Ich werde mit den Lobpreisungen für Dich beginnen, wenn ich in dem Boot des Re bin* (tot bin). *Dein Königreich bestand seit Urzeiten, es gibt es nicht durch meine Taten – auch wenn ich Heldentaten vollbracht habe.*
Erbaue Monumente, mache Dir ein schönes Grab.
Ich habe gegen den gekämpft, den Du kennst, denn ich wünsche nicht, daß er neben Deiner Majestät ist.
Möge Dein Leben sicher und gesund sein.

h) Die Weisheitslehren des Amenophis (Auszüge)

(ca. 750 v.Chr.)

(1.) *Der Mann, der die Armen achtet, ist bei Gott beliebt. Sei nicht gierig nach Reichtum. Du kannst einen fetten Leckerbissen verschlingen, aber vielleicht mußt Du ihn auch wieder auswürgen und bist dann leerer als zuvor.*

(2.) *Lieber ein Scheffel, den man von Gott* (Pharao) *erhalten hat, als fünftausend Scheffel, die man unrecht erlangt hat.*

(3.) *Wenn Du Dinge gesprochen hörst über Gutes und Übles, dann weise Letzteres zurück als wenn es nie zu Deinen Ohren gelangt wäre.*

(4.) *Trage immer ein süßes Wort auf Deiner Zunge.*

(5.) *Lasse niemals zu, daß das, was Du sagst, von dem, was in Deinem Herzen ist, getrennt wird.*

(6.) *Sage nicht: „Ich habe einen machtvollen Beschützer gefunden! Nun kann ich üble Taten gegen den, den ich nicht mag, begehen!“ Nein, erinnere Dich daran, daß Du nicht weißt, was Gott im Sinn hat und daß Du nicht wissen kannst, was morgen geschieht. Ruhe in Gottes Armen und Deine Stille wird Deine Feinde verwirren.*

(7.) *Die Menschen sind wie Lehm und Stroh und Gott ist der Baumeister – täglich zerstört er und täglich erschafft er.*

(8.) *Lasse niemand zurück, wenn Du den Fluß überquerst, weil Du Dich in dem Fährboot lang ausstrecken willst.*

(9.) *Wenn Du einen großen Rückstand bei einem Armen findest, so mache daraus drei Teile: Erlasse ihm zwei davon und laß nur einen stehen. Du wirst diese Vorgehensweise wie den Weg des Lebens finden.*

(10.) *Besser als Schätze im Speicher zu haben ist es, als Menschenfreund gelobt zu werden.*

(11.) *Schneller ist die Rede dessen, dessen Herz verletzt ist, als Wind und Regen.*

i) Weisheit eines Priesters aus Theben

(ca. 500 v.Chr.)

Ich war besorgt, den Thebanern Saatgutdarlehen zu geben, und ich erhielt die Armen meiner Stadt am Leben.

Ich war nicht zornig gegen den, der etwas nicht zurückzahlen konnte. Ich bedrängte ihn auch nicht mit der Drohung, ihm seine Habe wegzunehmen. Ebenso ließ ich es nicht zu, daß er seine Güter einem anderen verschrieb, um seine Schulden, die er aufgenommen hatte, zu tilgen.

j) Sprichworte

Diese Weisheiten, Sprichworte und Redewendungen stammen aus vielen verschiedenen Texten wie Weisheits-Lehren, Tempel-Inschriften, Papyri, Testamenten usw.

Die meisten der etwas abstrakteren und intellektuelleren Weisheiten stammen aus dem Tempel von Karnak.

Der Weise

Ich lebe durch die Ma'at, ich existiere durch sie.

Ich gab Gesetze gemäß den alten Schriften; mein Sprechen war der Atem des Lebens.

Ahme Deinen Vorvätern nach, Deinen Ahnen – siehe, ihre Worte sind in Büchern aufbewahrt worden. Öffne sie, lese sie, strebe ihre Weisheit an: Der, der gelehrt wird, wird geschickt werden.

Laß nicht zu, daß Du von dem Großen Strom fortgetragen wirst. Stemme Dich gegen die Strömung und kehre zu dem sicheren Hafen zurück.

Sage jedem die Wahrheit.

Brich durch das Netz der Unwissenheit.

Tue keinem Mann das, wovon Du nicht willst, daß er es Dir tut. (Dieses Sprichwort entspricht Kants kategorischem Imperativ.)

Das, was im Herzen eines Weisen ist, findet man auch auf seiner Zunge.

Der Reichtum eines Hauses ist eine weise Frau.

Sage nicht „ich bin gelehrt", sondern strebe lieber danach, weise zu werden.

Eine Zeit des Unglücks läßt einen Mann, der in Gott vertraut, nicht aufgeben.

Wenn der Weise in der Ferne ist, sucht sein Herz nach seiner Heimatstadt.

Der Freund eines Weisen ist ein weiterer Weiser.

Das gute Schicksal einer Stadt ist der Vorsteher, der in Ma'at handelt.

Diene einem weisen Menschen, damit er oder sie Dir dient.

Man erkennt nicht das Herz eines vertrauenswürdigen Mannes, wenn man ihn nicht um etwas bittet.

Lehre nicht die, die nicht hören wollen.

Wahrheiten, die Du erlernst, können den Platz von anderen Gedanken einnehmen und einige von ihnen auslöschen.

Manche wandern, um weiser zu werden. Doch wenn eine Diskussion wandert, wird sie kein Licht auf eine Sache werfen.

Man kann es nicht mit den Ohren hören und nicht mit den Augen sehen noch in Worten ausdrücken – das kann man nur mit dem Herzen. (Diese Weisheit ist durch das Buch „Der kleine Prinz" von Saint Exupery bekannt geworden.)

Lerne die Gestaltung der Erde.

Die Dinge sind flüssig und fließen wie ein Fluß.

Feiere den glücklichen Tag.

Ich glaube, was Du sagst – ich wundere mich nur über das, was Du tust.

Man versteht nicht das Herz (Absicht) des Gottes bis das, was er bestimmt hat, eintritt. Er erschuf die Erde; Tag, Monat, Jahr; Sommer und Winter. Er erschuf die Speisen; die Sternbilder am Himmel, damit die, die auf der Erde sind, sie lernen. Er erschuf das süße Wasser. Er erschuf die Geburt in jeder Gebärmutter durch den Samen, den sie empfing. Er erschuf das Kommen (Geburt) und Gehen (Tod). Er erschuf den Schlaf, um die Müdigkeit zu beenden; das Wachen, um nach Nahrung zu schauen. Er erschuf Heilmittel; er erschuf die Folge der Generationen, um sie leben zu lassen.

Der Narr

Ein übler Satz beschmutzt nur den, der ihn ausspricht. (Diese Erkenntnis entspricht einer Weisheit von Konfutse.)

Bitte nicht Gott um Rat und achte den Rat dann nicht.

Ein kurzer Tag in Unglück erscheint dem Ungeduldigen als viele Tage.

Der Gott vergißt nicht, doch der gottlose Mensch fürchtet nicht die Vergeltung.

Lasse niemals eine gottlosen und mittelmäßigen Mann dem Volk Befehle geben.

Ein Narr wird nicht nur auf eine Weise unglücklich.

Der Narr wird von Leid heimgesucht, weil er keinen Rat annimmt.

Wer einen Narren trifft, trifft auch Sorgen.

Rat, den man den Dummen gibt, wiegt so wenig wie der Wind.

Rate keinem Narren, denn er könnte Dich deshalb hassen.

Vertraue keinem Narren.

Laß nicht zu, daß sich ein Narr in eine wichtige Sache einmischt.

Der Besitz eines Weisen geht in der Hand eines Narren verloren.

Man urteilt nicht entsprechend den Beschwerden eines Narren, nur weil er laut ist.

Es ist besser, eine Schlange im Haus zu haben als einen Narren.

Traue keinem Narr, nur weil er schwört.

Der Freund eines Narren ist ein Narr.

Das Krokodil erhält den Anteil der Narren, die umherziehen.

Wenn im ganzen Land Narren gepriesen werden, steuert das Land nicht auf

Sicherheit zu.

Der, der aus dem Volk ausgewählt worden ist, ist nicht nur deshalb auch sofort ein Weiser.

Der Pharao

Herrscher sollten danach streben, daß ihre Völker in Wohlstand leben.

Frauen

Eine gute Frau, die keinen anderen Mann in ihrer Familie liebt, ist eine weise Frau.

Verlasse nicht die Frau Deines Hauses, wenn sie nicht schwanger wird und gebiert.

Wein, edle Frauen und Speisen machen das Herz glücklich. (Das erinnert an die Redewendung „Wein, Weib und Gesang".)

Nimm Dir niemals eine Frau, deren Mann noch lebt.

Treue zu sich selber

Ein Mann sollte tun, was seinem Ba (Seele) gut tut.

Das Herz des Menschen ist sein eigene Gott.

Mein Herz ist zufrieden über das, was ich getan habe.

Du bist nur eine Seele.

Freundlichkeit

Sei nicht böse, Freundlichkeit ist gut.

Bescheidene und niedere Menschen sollten freundlich behandelt werden.

Sie geduldig mit einem üblen Nachbarn – vielleicht ist er im Unglück.

Feiere Dein Fest nicht ohne Deinen Nachbarn.

Neige ihm Dein Herz zu, sei nicht voreingenommen gegen einen Bittsteller bis er gesagt hat, warum er gekommen ist.

Höre aufmerksam zu bis er seine Not ausgesprochen hat, bis er die Sache aus seinem Leib ausgekehrt hat – höre seine Rede an und beseitige seine Not, verhilf diesem Mann zu seinem Recht.

Kein Tag ist wie der andere für den, dessen Herz Anteil nimmt.

Es gibt keinen wirklichen Bruder in der Familie außer dem freundlich gesonnenen Bruder.

Bevorzuge nicht das eine Deiner Kinder gegenüber dem anderen, denn Du weißt nicht, welches freundlich zu Dir sein wird.

Es gibt keinen Freund, der für die Ma'at taub ist.

Schöpfe erst die Kraft der Worte aus, bevor Du Gewalt anwendest!

Wer etwas Gutes tut, den belohnt Gott.

Vorsicht

Ziehe den Hochgeborenen nicht dem Niederen vor – wähle einen Mann nach seinen Fähigkeiten.

Sende keinen weisen Mann wegen einer kleinen Sache aus, wenn noch eine große Sache wartet.

Tue nichts, was Du nicht zuvor erprobt hast.

Entzünde keine Feuer, wenn Du es nicht auch wieder löschen kannst.

Ignoriere nicht die kleine Krankheit, wenn es ein Heilmittel für sie gibt – nutze das Heilmittel.

Wenn ein großer Mann Kleinigkeiten nicht für seiner Beachtung wert hält, entsteht großer Schaden.

Wer nicht im Sommer Holz sammelt, wird es im Winter nicht warm haben.

Ein kleines Dokument hat einen großen Nutzen.

Gehe Nachts nicht allein.

Achte darauf, daß Du nicht von den Dienern eines Feindes umgeben bist – Vorsicht verlängert das Leben.

Der Mensch plant, Gott bestimmt.

Mögest Du segeln ohne zu stranden!

Laß Dein Herz nicht sinken!

Man sollte den Ort, an dem man leben kann, besser nicht verlassen.

Stärke Deine Grenzen.

Wenn ein Krokodil einen Affen liebt, zieht es eine Perücke an.

Laß niemals Deinen Diener Deinem Sohn befehlen.

Wer anderen eine Grube gräbt, fällt selbst hinein. (Dieses Sprichwort ist auch aus dem Alten Testament bekannt.)

Die kleine Falschheit erschafft dem, der sie begeht, große Sorgen.

Wer sich grob verhält, geht einem üblen Tod entgegen.

Kommen Beleidigungen, kommen Schläge ...

Wer zum Himmel emporspuckt, auf den wird Speichel fallen.

Reden

Mach nicht viele Worte.

Sage nichts, wenn es nicht an der Zeit dafür ist.

Es gibt nur wenige große Dinge, die der Bewunderung wert sind.

Gerechtigkeit

Es wird einem Mann Gutes bringen, wenn er gerecht handelt – zumindestens beim Jenseitsgericht, wenn nicht schon zuvor.

Re wird wütend auf ein Land, wenn sein Herrscher die Ma'at vernachlässigt.

Streit

Tue niemandem etwas, was Du selber nicht erleben willst. (Dies ist wieder Kant's kategorischer Imperativ.)

Handle lieber rechtschaffen als zu demütigen.

Ein großer Tempel kann zerstört werden, wenn seine Vorsteher in Streit miteinander liegen.

Wenn es auf einem Fest keine Ruhe gibt, kann der Herr des Festes es nicht genießen.

Zeige keinem Mann Haß, wenn Du nichts über ihn weißt.

Besitz

Vertraue nicht auf den Besitz eines anderen – erwerbe Deinen eigenen.

Laß Deinen Leib nicht hungern, wenn Du noch etwas in Deinem Lager hast.

Besitz ergreift seien Besitzer.

Sei nicht gierig, sonst beginnt Dein Name zu stinken.

Die Reichtümer eines Großzügigen sind größer als die eines Geizigen.

Die, die Brot haben, sollten es mit den Hungrigen teilen.

Spende entsprechend Deiner Mittel.

Weintrauben werden eine nach der anderen gegessen.

Es ist eine üble Sache, einen armen Mann zu verletzen.

Sei kein Verschwender, damit Du nicht ein Begleiter der Armut wirst.

Tue nicht überall etwas, während Du zugleich Deine eigene Sache vernachlässigst.

Besser ein ehrenvoller Fehlschlag als ein halber Erfolg.

Nimm keinen Dieb zum Gefährten, denn sonst könntest Du getötet werden.

Der Reichtum eines Handwerkers sind seine Werkzeuge.

Die Stiere ernten die Gerste und den Emmer, aber die Affen fressen sie.

Das Brot des Aufrichtigen wird dem Stier des Boshaften vorgezogen.

Man kann kein Lapis Lazuli essen – Gerste ist besser und stärkender.

Sehne Dich nicht nach Deinem Heim, um dort am Mittag Bier zu trinken.

Weisheiten aus dem Tempel von Karnak

Die Weisheiten in diesem Abschnitt sind teilweise etwas freier übersetzt worden als die Weisheiten in den vorigen Abschnitten.

Wo keine Samen sind, wächst kein Korn.

Die Nuß zeigt (noch) *nicht den Baum, der in ihr ruht.*

Die Pflanze enthüllt, was im Samen verborgen lag.

Samen, die nach oben sprießen, senden gleichzeitig Wurzeln nach unten.

Unsere Sinne dienen dazu, uns zu vergewissern, aber nicht dazu, zu wissen.

Man muß lernen, daß das, was man tut, Folgen haben kann.

Wenn Du etwas willst, dann schaue nach dem Gegenstück, das es hervorruft.

Der Schüler muß in sich selber jede Stufe der Entwicklung erleben.

Verstehen geschieht schrittweise.

Ein Schüler zeigt Dir durch seine eigenen Anstrengungen, wie viel er von Dir zu lernen verdient.

Wahres Lehren ist nicht ein Ansammeln von Wissen – es ist das Erwecken der Bewußtheit in mehreren aufeinander folgenden Schritten.

Gewohnheit und Vorurteil verzerren die Wahrnehmung.

Jeder Mann glaubt, daß sein eigener Horizont die Grenze der Welt ist.

Jeder Mann ist reich an Ausreden, um seine Vorurteile, seine Instinkte und seine Meinungen zu schützen.

Jede Wahrheit, die Du lernst, wird neu für Dich sein.

Du wirst Dich selber befreien, wenn Du lernst, gelassen zu sein, und wenn Du den Anweisungen Deines Herzens folgst ohne Dich von den Dingen aus der Ruhe bringen zu lassen. Das ist der Weg der Ma'at.

Wenn Du Dich selber kennen willst, beginne bei Dir und gehe zurück zur Quelle.

Erkenntnis kommt aus uns selber, aber die Meister geben den Schlüssel dazu.

Der Schüler wird nicht verstehen, wenn er noch nicht reif dafür ist.

Beliebte Überzeugungen über wesentliche Dinge muß man untersuchen, um die ursprünglichen Gedanken zu entdecken.

Glaube nichts, was Du nicht überprüft hast.

Keine Diskussion kann Licht auf etwas werfen, wenn sie sich von dem wesentlichen Punkt entfernt.

Die Menschen bewirken ihr Scheitern durch ihre Zunge.

In Hilflosigkeit liegt Demütigung.

Die Organisation ist niemals gut genug, es sei denn, daß die, die die Ma'at kennen, das Fundament legen.

Ein einzelner Fuß ist nicht genug zum Gehen.

Liebe ist das eine, Wissen das andere.

Der Leib ist die Wohnung des Gottes.

Moralische Qualitäten werden an Taten gemessen.

11. Ma'at und der Pharao

In den Pyramidentexten finden sich die ältesten Beschreibungen der Ma'at. Sie sind jedoch in ihrer grundlegenden Aussage auch in späterer Zeit immer gleich geblieben: Der Pharao vertreibt die Isfet und bewahrt die Ma'at.

a) Der Erhalter der Ma'at

Der die Ma'at liebt und von ihr lebt, seine Gesetze sind es, die die beiden Ufer (Ägypten) *bewahren.*

(Loblied auf Ramses II)

Ich sagte die Ma'at, ich tat die Ma'at,
denn Ma'at ist, was der Gott liebt.

(Pyramidentexte)

Unas ist von der Flammeninsel gekommen,
Unas hat die Ma'at in sie gesetzt anstelle der Isfet.

(Pyramidentexte)

Die Flammeninsel ist die Insel im Osten, auf der am Morgen die Sonne aufgeht. Die Flammeninsel ist auch der Ort, an dem Phönix, d.h. der Sonnen-Seelenvogel wiedergeboren wird. Das Feuer auf dieser Insel ist das Morgenrot.

Der Lohn dessen, der handelt, liegt darin, daß auch für ihn gehandelt wird.
Das sieht Gott als Ma'at an.

(Inschrift des Pharaos Nefer-hotep)

Re hat den König eingesetzt
auf der Erde der Lebenden
für immer und ewig
beim Rechtsprechen der Menschen,
beim Befriedigen der Götter,
beim Entstehenlassen der Ma'at,
beim Vernichten der Isfet.

(Unterweltsbuch)

Sei gegrüßt, König Ägyptens, Re der neun Bogen (Pharao Sethos)*!*
Du bist ein Gott, der von Ma'at lebt, Sia im Herzen hat,
der die Leiber aufdeckt und erkennt, was in ihnen ist
(er erkennt die Absichten der Menschen),
wie der Herr von Hermupolis (der Weisheitsgott Thot),
der die ... ... auftut, um zu erkennen.
wie Ptah, der die Künste erschuf.
Seine Majestät – ihr Herz ist weit (froh),
er nimmt die Freude und den Jubel in sich auf,
er ruht in seinem Palast wie Re in seinem Lichtland (Himmel).
Seine Mutter Ma'at ist der Schutz seines Leibes,
sie ist erschienen als die Zauberreiche (Uräus-Schlange = Kundalini) –
sie hat Platz genommen zwischen seinen Brauen
als die Umringlerschlange auf seinem Haupt.

(Grab des Wesirs Paser in Theben)

b)   Das Bestehen des Jenseitsgerichts

Die zweifache Ma'at hörte den Fall des Unas vor dem Jenseitsgericht, Shu war der Zeuge, und die zweifache Ma'at bestimmte, daß ihm der Thron des Geb zusteht.

(Pyramidentexte)

Unas ist wegen Ma'at hervorgetreten, damit er sie erlangt – und nun ist sie bei ihm.

(Pyramidentexte)

Willst Du leben, Horus auf der Spitze seines Ankhs der Ma'at?
Dann solltest Du nicht die Tür des Himmels verschließen
dann solltest Du sie nicht verriegeln,
bevor Du den Ka des Pepi in den Himmel aufgenommen hast.

(Pyramidentexte)

Das Ankh ist das Symbol und das Schriftzeichen für „Leben". Der Ausdruck „Ankh der Ma'at" läßt vermuten, daß Ma'at als die Spenderin des Lebens angesehen wurde. Die ägyptischen Göttinnen einschließlich der Göttin Ma'at tragen oft ein Ankh in der einen Hand und einen Lotusstab in der anderen. Da die Worte sowohl für den Lotusstab als auch für das Verb „geben, spenden" im Altägyptischen „di" gelautet haben, sind die Göttinnen „di-ankh", also „Lebensspenderinnen".

Der Horusfalke ist zudem der Seelenvogel des Pharaos, der das Weiterleben nach dem Tod, also das „Jenseits-Leben" darstellt.

Dieser Pepi ist gereist ... ... wie das, was Du für Ma'at tust, die oben auf Dir ist.

(Pyramidentexte)

Pepi wird als göttlicher Falke auf die Schutzmauern der verborgenen Seele empor-
flattern, denn er ist zu dem gemacht worden, der die Sonne zu seinen beiden Ma'at-
Booten leitet.

(Pyramidentexte)

Ich werde mit allerbestem Öl gesalbt werden und in das beste Leinen gekleidet sein und ich werde auf dem sitzen, was die Ma'at leben läßt (Thron)*, mit meinem Rücken zu dem Rücken der Götter im Norden des Himmels – dort, wo die unsterblichen Sterne* (Polarstern) *stehen, und er wird wie sie* (die Sterne im Norden, die nie unter den Horizont versinken) *niemals vergehen.*

(Pyramidentexte)

Die Zunge dieses Pepi ist die Zunge des Lenkers des Ma'at-Bootes (Sonnenbarke)*, während er hervortritt und den Himmel emporsteigt* (Sonnenaufgang).

(Pyramidentexte)

Die Füße dieses von Re Geliebten sind die beiden in den beiden Ma'at-Boote (Sonnenbarken)*, während er hervortritt und den Himmel emporsteigt* (Sonnenaufgang).

(Pyramidentexte)

Laß diesen (Pharao) *Pepi mit Dir voranschreiten, Horus* (Falkengott)*!*
Fahre ihn, Thot (Ibisgott)*, auf Deinen Flügelspitzen*
als Sokar (Falkengott) *am Bug des Ma'at-Bootes!*

(Pyramidentexte)

Denn Pepi ist einer dieser vier Götter – Imseti, Hapi, Duamutef und Qebsenuef – die von der Ma'at leben und die sich auf ihre Stäben aus Elektrum stützen: die Wächter des Landes des Nil-Tals.

(Pyramidentexte)

Die vier Götter sind die Beschützer der vier Kanopenkrüge, in denen die Eingeweide des Toten getrennt von seiner Leiche mumifiziert werden.
Elektrum ist eine Gold/Silber-Legierung.

Osiris (der beim Jenseitsgericht freigesprochenen Pharao) *ist erscheinen,*
die lenkende Macht ist rein (freigesprochen) *geworden,*
der Herr der Ma'at ist hoch hinauf gestiegen (als Sonne am Himmel)
im ersten Mond-Monat des Jahres, der der Herr des Jahres ist.

(Pyramidentexte)

(Pharao) *Pepi Nefer-Ka-Re wird die Ma'at vor die Sonne setzen am Tag des Neu-jahrsfestes. Der Himmel ist zufrieden und die Erde ist glücklich, denn sie haben ge-hört, daß Pepi Nefer-Ka-Re die Ma'at ergreifen ... ... und sie werden den Eintritt des Pepi Nefer-Ka-Re in seinen Hof begrüßen, denn er spricht die richtigen Worte mit seinem Mund.*

(Pyramidentexte)

Unzählige Scharen werden Pepi Nefer-Ka-Re zujubeln, wenn er für immer am Himmel angekommen ist und wenn er die Sonne in seinen zwei Ma'at-Booten am Tag des Schließens des Jahres führen wird.

(Pyramidentexte)

Neith (eine unterägyptische Jags- und Kriegsgöttin) *ist Deine Zeugin in Bezug auf die Ma'at.*

(Pyramidentexte)

Nimm das zu Dir, was zur Ma'at gehört – wegen der Ma'at, die Neith gesprochen hat.

(Pyramidentexte)

Harchate (Horus am Horizont = aufgehende Sonne) *hat befohlen, daß Dir jene Ma'at, die Du liebst, gegeben werde an jedem Ort, an den Du gehst.*

(Sargtexte)

12. Ma'at und der Wesir

Der allergrößte Teil der Leitlinien zur Befolgung der Ma'at durch den Wesir, der der oberste Beamte des Pharaonen-Reiches war, findet sich bereits in dem Kapitel über die Weisheitslehren – schließlich war es der Wesir als der oberste Beamte, der dafür sorgen mußte, daß die Ma'at im gesamten Ägypten gedieh.

Ich habe die Ma'at erhoben bis zur Höhe des Himmels, und ihre Schönheit verbreitet, so weit die Erde ist, auf daß sie ihre Nasen erfülle wie der Nordwind und die Bitternis vertreibe in den Leibern.

(Grab des Wesirs Rechmire)

13. Ma'at und die Richter

Das ägyptische Wort für „Richter" bedeutet wörtlich übersetzt „Hörender". Daher sagt der redegewandte Bauer zu dem Ortsvorsteher, der auch die Aufgaben des Richters innehat: *„Du wurdest doch eingesetzt, um die Reden anzuhören!"*

Die meisten Texte zu den Richtern im Diesseits finden sich bereits in dem Kapitel über die Weisheitslehren – insbesondere bei dem „redegewandten Bauern".

Das Motiv des irdischen Richters ist natürlich auch eng mit dem Motiv des Jenseitsrichters Osiris verbunden.

a) Der juristische Terminus „in Ma'at"

Er spricht: „Das Wort meines Vaters ist in Ma'at gegen Dich."

(Pfortenbuch: Die Pforte von Saa-Set)

In diesem Zusammenhang hat „mein Wort ist in Ma'at gegen Dich" eine juristische Bedeutung: „Ich habe den Prozeß gegen Dich gewonnen."

Das Wort meines Vaters ist in Ma'at gegen Dich – und auch mein Wort ist in Ma'at gegen Dich.

(Pfortenbuch: Die Pforte von Aqebi)

Für sie werden Opferungen auf Erden durchgeführt und sie erhalten Trankopfer, da ihr Wort in Ament in Ma'at ist.

(Pfortenbuch: Die Pforte von Aqebi)

„Ament" ist ein Name für das Jenseits.

Die „neterit"-Uräusgöttinen von Urnes preisen Dich,
die „nehenuit"-Uräusgöttinnen loben Dich,
Dein Wort ist in Ma'at gegen Deine Feinde.

(Das Am-Duat-Buch)

Allgemein im juristischen Sinne und speziell vor dem Jenseitsgericht bedeutet „in Ma'at sein", daß man einen Prozeß gewonnen hat.

b) Jenseitsgericht

Khent-Ma'ati schreitet mit seinem Ka voran.

(Texte in der Pyramide des Pharaos Unas)

Der Name „Khenti-Ma'ati" des Pharaos Unas aus dem Alten Reich, der von 2380v.Chr. bis 2350v.Chr. herrschte, bedeutet „Erster der beiden Ma'at-Göttinnen", vermutlich im Sinne von „der die Ma'at am meisten befolgt".
Der „Ka" ist der Lebenskraftkörper.

Das Wort meines Vaters Osiris ist in Ma'at gegen euch,
und mein Wort ist in Ma'at gegen euch,
O ihr, die ihr die Dinge offengelegt habt,
die mit dem Ruheort des Großen,
der mich in der Duat gezeugt hat, zu tun haben!
O! Ihr werdet zu leben aufhören,
ihr werdet ein Ende finden!

(Pfortenbuch: Die Pforte des Set-Hra)

Dieser Text bezieht sich auf Räuber, die ein Grab („Ruheort") geplündert (offengelegt) haben. Ihnen wird der Prozeß gemacht und der Kläger gegen sie erhält Recht (er ist „in Ma'at").
Der „Große Gott" ist Osiris. Die „Duat" ist das Jenseits.
Hier findet sich die Vorstellung, daß der Tote „X" im Jenseits von dem Sonnengott Re selber wiedergezeugt wird, wodurch er zu dem Sohn des Re wird.

Das, was wahrlich Dein sein wird, ist das, was den Ma'at-Göttern gehört.

(Pfortenbuch: Die Pforte von Teka-Hra)

Die „Ma'at-Götter" sind die Götter, die „in Ma'at" sind.

Eure Khenfu-Kuchen sind bei euch in der Duat, ihr habt eure Opfergaben,
eure Opfergaben sind euch von Ma'at bestimmt worden.

(Pfortenbuch: Die Pforte der Halle des Set-em-Ma'at-ef)

Die „Duat" ist das Jenseits.

Das verborgene Land liegt offen vor Dir,
Osiris kommt zu Dir,
Osiris rächt Dich
und Dein Wort ist in Ma'at gegen Deine Feinde.
Du gehst zur Ruhe,
Du gehst in Amenti zur Ruhe,
und Du entstehst neu in der Gestalt des Skarabäus im Osten.

(Das Am-Duat-Buch)

Das „verborgene Land" und auch „Amenti" sind das Jenseits.
„In Ma'at sein" bedeutet, einen Prozeß gewonnen zu haben.
Die Sonne geht am Morgen im Osten als Skarabäus auf.

Dies sind die, die den Göttern Weihrauch geopfert haben,
und die ihren Ka gewaschen haben –
die Ma'at wurde geprüft
und sie sind in Ma'at vor dem Großen Gott,
der alles Unrecht vernichtet.

Osiris spricht zu ihnen:

Ihr seid die Ma'at der Ma'at.
Ihr seid in Frieden
wegen dem, was ihr getan habt.
O, ihr habt nun die Gestalt derer,
die in meinem Gefolge sind
und die in dem Haus dessen wohnen,
dessen Seele heilig ist.

(Pfortenbuch: Die Pforte der Halle des Set-em-Ma'at-ef)

Hier ist mit dem „Ka" die Statue einer Gottheit gemeint. Sie ist wie der Lebens-kraftkörper ein „Doppelgänger" der Gottheit.

Hier ist der „Große Gott" offenbar der Toten- und Korngott Osiris.

180

14. Ma'at und die Schreiber

Die Schreiber sind die Beamten in der ägyptischen Verwaltung. Folglich ist es auch ihre Aufgabe, wie der Wesir und wie die Richter in Ägypten die Ma'at aufrecht zu erhalten.

Ich gab Gesetze gemäß den alten Schriften,
mein Sprechen bedeutete Atem des Lebens.

(autobiographische Inschrift; ca. 850 v.Chr.)

Ich war einer, der die Abgaben lindert und Steuerrückstände erläßt.

(Grabinschrift eines Schreibers)

Ich war einer, der gegenüber dem Zornigen schweigt,
und geduldig ist gegenüber dem Unwissenden, um die Wut abzuwehren.
Ich war einer, der kühl ist, frei von Übereilung,
weil er den Ausgang kennt und die Zukunft bedenkt.
Ich war einer, der das Wort ergreift am Ort des Streits,
der den richtigen Spruch kennt für das, worüber man zornig ist.
Ich war einer, der milde war, wenn ich meinen Namen hörte (er wird um Hilfe gebeten),
zu dem, der mir sagte, was in seinem Herzen war.
Ich war einer, der sich zusammennimmt, der vergibt, milde ist,
der die Tränen stillt durch ein gutes Wort.
Ich war einer mit hellem (freundlichem) *Gesicht zu seinen Bittstellern,*
der seinesgleichen Wohltaten erwies.
Ich war einer, der korrekt ist im Hause seines Herrn,
der zu dienen weiß mit hilfreicher Rede.

(Stele des Antef)

15. Ma'at und Magie

Damit Magie funktioniert, sollte auch sie „in Ma'at" sein. Was geschieht, wenn der Magier nicht „in Ma'at" ist, ist ja hinlänglich durch Goethes „Zauberlehrling" bekannt.

Die Göttin Ma'at wurde auch allgemein für die Hilfe beim Kult oder Magie um Hilfe angerufen.

Er muß Weihrauch in einem Räuchergefäß verbrennen und das Zeichen der Ma'at mit grünen Ocker auf seine Zunge malen.
Dies gilt sowohl für den Laien als auch für den Priester.

(Legende der Vernichtung der Menschheit)

Diese Anweisung soll dafür sorgen, daß der Priester bzw. der Magier sich nicht verspricht, etwas vergißt oder einen anderen Fehler beim Sprechen macht – die Ma'at soll seine Worte beschützen.

Die Farbe „Grün" hat die Symbolik des Gedeihens.

16. Ma'at in Grabinschriften

Da beim Jenseitsgericht das eigene Herz gegen die Ma'at-Feder gewogen wird, ist es naheliegend, in den Grabinschriften die Ma'at um Hilfe beim Jenseitsgericht anzurufen.

Ma'at kann natürlich bereits begangene Taten und Unterlassungen nicht ungeschehen machen, aber es beruhigt, wenn man die Göttin Ma'at auf seiner Seite hat.

Der größte Teil der Grabinschriften, die sich auf Ma'at beziehen, befinden sich bereits in den früheren Kapiteln dieses Buches.

Ich tat Dir die Ma'at, als ich auf Erden war,
  weil ich mir bewußt war, daß Du von ihr lebst.
Ich bin der eine Vortreffliche,
  der seinem Gott wohlgefällig ist.
Ich bin mir bewußt, daß er die Herzen richtet
  und daß er von der Ma'at lebt.
Ich tat die Ma'at für den Herrn der beiden Länder (Pharao)
  des Nachts wie am Tage, denn ich war mir bewußt, daß er von ihr lebt."

(Grabinschrift)

Die, die die Ma'at gesprochen haben auf Erden,
die sich nicht den Unreinen genähert haben:
Sie werden zu diesem Tor gerufen,
sie leben von der Ma'at.

(Pfortenbuch)

Lob Dir, Du mein Gott (Pharao Echnaton),
der mich baute, der mir Gutes bestimmte,
der mich entstehen ließ,
der mir Nahrung gab,
der für mich sorgte mit seinem Ka!
Der Herrscher, der mich erschuf unter den Menschen,
der mich unter seine Günstlinge gesellte
und gab, daß jedes Auge mich kennt,
indem ich ausgezeichnet bin an Stärke,
der mich reich machte, nachdem ich arm gewesen war.
Alle meine Zeitgenossen küssen die Erde,
weil ich zu einem Günstling ihres Schöpfers geworden bin.
Mein Dorf kommt zu mir, um mich täglich zu verehren,
indem ich dadurch erhöht werde
auf Geheiß des Herrn der Ma'at (Pharao Echnaton).
Ich spende Lob bis zur Höhe des Himmels,
ich bete an den Herrn der beiden Länder, Echnaton:
Schicksal, Lebensspender, Herr der Gebote,
Sonne eines jeden Landes, von dessen Anblick man lebt,
Nil der Menschheit, von dessen Ka man satt wird.
Gott, der Große erschafft und Arme baut,
Luft für jede Nase, durch den man atmet.

(Grabinschrift des Panehsi in Amarna)

Ich habe die Ma'at erhoben bis zur Höhe des Himmels
und ihre Schönheit verbreitet so weit die Erde ist,
auf daß sie die Nasen erfülle wie der Nordwind
und die Bitternis vertreibe aus den Leibern.
Ich habe Recht gesprochen zwischen Armen und Reichen.
Ich habe den Schwachen bewahrt vor dem Starken.
Ich habe die Wut des Bösen abgewehrt.
Ich habe den Habgierigen zurückgedrängt in seiner Stunde.
Ich habe ... ... des Wütenden ... ...
Ich habe die Tränen ... ... abgewischt.
Ich habe die Witwe beschützt, die keinen Gatten hatte.
Ich habe den Sohn eingesetzt auf dem Amtssitz seines Vaters.
Ich habe dem Hungrigen Brot gegeben
und Wasser dem Durstigen,
Fleisch, Salbe und Kleider dem, der nichts hatte,
Ich habe den Alten gestärkt,
indem ich ihm meinen Stock gab.
Ich handelte so, daß die alten Frauen sagten:
„Das ist eine gute Sache!"

(Biographie des Rechmire)

17. Isfet

Über die Isfet, also über das Chaos der Unrichtigkeit und des Unrechts, ist bereits in den vorigen Kapiteln einiges zitiert worden.

Der Charakter der Isfet ergibt sich auch aus den bereits zitierten Reden des Oasenmann, aus den Weisheitslehren und aus den Unschuldsbeteuerung beim Jenseitsgericht, in denen ausführlich und detailreich beschrieben wird, was man nicht tun soll, d.h. was zur Isfet gehört. Zudem ist natürlich auch stets das Gegenteil der Ma'at, die in den Weisheitslehren, den Grabinschriften, den Anweisungen für den Wesir usw. beschrieben wird, Isfet.

Einige wesentliche Textstellen werden im Folgenden noch einmal kurz angeführt.

In einem weiteren Sinne ist auch der Gott Seth eine Verkörperung der Isfet: Er ist die Wüste, die anderen Länder rings um Ägypten und er ist der Mörder des Osiris. Seth ist allerdings immer auch ein notwendiger Bestandteil der Welt geblieben und noch im Neuen Reich haben sich Pharaonen nach Seth benannt (z.B. Sethos), um die Kraft des Seth zu erhalten. Seth ist somit zwar eine Bedrohung, aber trotzdem nicht wirklich ein Teil der Isfet.

Ähnliches gilt für die Schlange – sie wurde als Symbol der Totenseelen und des Jenseitsweges gefürchtet und sie bedroht als Apophis auch den Weg der Sonne durch die Unterwelt, aber sie ist trotzdem auch als Uräus-Schlange ein Symbol der Kundalini, der Macht des Pharaos und ein Symbol der Totenseelen geblieben.

Das Motiv der Isfet hat in Ägypten nicht zu einem allgemeinen, personifizierten Dualismus geführt, in dem „Gott" gegen „Teufel" steht. Die Isfet war eine Störung der Ordnung, aber sie war keine eigenständige Kraft der Zerstörung. Auch Seth und Apophis sind Störungen der Ordnung aber keine Kraft, die das Böse will oder die die Zerstörung will.

Isfet ist sozusagen und die Unordnung und daher auch die Unrichtigkeit, die „nicht-Ma'at".

a) Beschreibungen der Isfet

Die ausführlichsten Beschreibungen der Isfet sind bereits in den Weisheitslehren und in den Unschuldsbeteuerungen beim Jenseitsgericht beschrieben worden.

Hörer, der nicht hört.

(der redegewandte Bauer)

Wer unrechtmäßig vorgeht, wird am Ende seines Lebens
keine Kinder mit Herzens-Bindung zu ihm haben.

(Enseignement royaliste)

Siehe, man kämpft auf dem Kampfplatz,
denn das Gestern ist vergessen.
Nichts gelingt dem,
der den nicht mehr kennt, den er gekannt hat.

(Amenophis)

Man gibt nur mit Haß,
um den Mund, der spricht,
zum Schweigen zu bringen.
Um ein Wort zu beantworten,
fährt der Arm mit dem Stock heraus,
man spricht durch Totschlag.
Rede wirkt auf das Herz wie Feuerbrand,
man kann das Wort eines Mundes nicht ertragen.

(Prophezeiung des Nerferti)

Schneller ist die Rede eines,
dessen Herz verwundet ist,
als Wind und Regen.
Er wird zerstört und er wird erbaut durch seine Zunge
und doch spricht er mangelhafte Rede.
Er gibt eine Antwort, die Prügel verdient,
da ihre Fracht (Wirkung) Schädigung ist.
Er macht eine Fahrt unter den Menschen,
indem er falsche Rede geladen hat;
er ist ein Fährmann, der von Worten gefangen ist,
er wird umgetrieben im Streit.

(Amenophis)

Es schmerzt, zu dem zu schweigen, was man hört,
aber es ist vergeblich, den Unwissenden zu antworten.
Einer Rede zu entgegnen, schafft Feindschaft,
das Herz nimmt die Wahrheit nicht an,
man kann die Antwort auf die Rede nicht ertragen.
Jedermann liebt nur seinen eigenen Ausspruch.
Jedermann baut auf Heimtücke,
aufrichtige Rede hat man fallen gelassen.

(Chacheperresenech)

Ich war nicht trunken.
Mein Herz war nicht vergeßlich.
Ich war nicht nachlässig in meinem Handeln.
Mein Herz war es, das meinen Rang erhöhte.
Mein Charakter bewirkte, daß ich meine hohe Stellung behielt.
Ich vollbrachte alles, was ich tat,
und war daher der Liebling meiner Herrin.
Durch meine Aufmerksamkeit schuf ich Wohlstand.
Ich verrichtete alle Dienste, durch die ein Gut verwaltet wird.
Ich richtete auf, was ich verfallen vorfand.
Man sagt doch: „Es ist äußerst nutzbringend,
wenn ein Mann die Vortrefflichkeit seines Herzens
für seine Herrin ausübt, damit sein Denkmal erhöht wird."

(Inschrift aus Dendera)

Ich werde nichts essen, was den Priestern verboten ist.
Ich werde nicht mit dem Messer schneiden ... ...
Ich werde keinem anderen auftragen, das zu tun, was verboten ist.
Ich habe keinem Lebewesen den Kopf abgeschnitten.
Ich habe keinen Menschen getötet.
Ich habe keinen Umgang mit unreinen Menschen gehabt.
Ich habe keinen Sex mit einem Knaben gehabt.
Ich habe nicht mit der Frau eines anderen geschlafen.
... ...
Ich werde weder essen noch trinken, was verboten ist (z.B. Hülsenfrüchte).
oder in den Büchern als verboten aufgezeichnet ist.
An meinen Fingern soll nichts hängen bleiben (Diebstahl).
Ich werde auf der Tenne kein Korn abwiegen.
Ich werde keine Waage in die Hand nehmen.
Ich werde kein Land vermessen.
Ich werde keinen unreinen Ort betreten.
Ich werde keine Schafswolle berühren.
Ich werde kein Messer anfassen bis zum Tag meines Todes.

(Priester-Eid aus der Ptolemäerzeit; ca. 150 v.Chr.)

Führt niemanden in Falschheit,
tretet nicht in Unreinheit ein,
sprecht keine Lüge in seinem Haus (Horus-Tempel),
seid nicht gierig, verleumdet nicht,
nehmt keine Bestechungsgeschenke an,
macht keinen Unterschied zwischen arm und reich,
fügt nichts hinzu zu Gewicht und Meßstrick
und zieht nichts davon ab,
gebt nichts ab oder zu von dem Scheffel
... ...
Schwört keinen Eid,
stellt die Lüge nicht über die Wahrheit im Reden,
hütet euch davor, etwas zu tun in der Zeit, die dem Gott gehört,
niemand, der dabei redet, bleibt ungestraft,
Macht keine Musik in seinem Haus (Horus-Tempel),
im Inneren seines Tempels,
nähert euch nicht der Stätte der Frauen,

... ...
verrichtet den Dienst nicht nach eurem Belieben,
sondern schaut in die Bücher und in die Vorschrift des Tempels,
die ihr als Lehre euren Kindern weitergeben sollt.

Dringt nicht ein in Übertretung der Regel,
tretet nicht ein in Unreinheit,
sprecht keine Lüge in seinem Haus (Horus-Tempel),
tut kein Unrecht durch Verleumden,
setzt keine Listen von Beiträgen auf,
in denen ihr den Armen zugunsten des Reichen benachteiligt,
fügt nichts hinzu zu Gewichten und Maßen
und vermindert sie auch nicht,
begeht keinen Betrug mit dem Scheffel
und tut kein Unrecht an den Teilen des Sonnenauges (d.h. beim Dividieren).

Verratet nicht das Geringste göttliche Geheimnis, das ihr geschaut habt,
streckt nicht eure Arme nach den Gütern des Tempels aus,
laßt euch nicht dazu hinreißen, seine Opfer zu rauben,
... ...
Übereilt euch nicht,
gebt eurem Mund nicht freien Lauf,
erhebt eure Stimme nicht gegen die Worte eines anderen,
schwört keinen Eid in irgendeiner Sache,
gebt der Lüge keinen Vorzug gegenüber der Wahrheit durch Verleumdung,
seid groß im pünktlichen Vollzug der Riten,
tut euren Dienst nicht nach euren Vorstellungen,
sondern beachtet die alten Schriften.

(Vorschriften für die Priester von Edfu)

Die einzelnen graphischen Elemente des Sonnenauges wurde für die Kennzeichnung der mathematischen Brüche verwendet. Die Priester sollen also nicht bei den Berechnungen betrügen.

Zu wem kann ich heute reden?
Die Brüder sind böse,
die Freunde von heute, sie lieben nicht.

Zu wem kann ich heute reden?
Die Herzen sind habgierig,
jedermann nimmt die Habe des Nächsten.

Zu wem kann ich heute reden?
Das Gesicht der Bosheit ist zufrieden,
das Gute ist überall zu Boden geworfen.

Zu wem kann ich heute reden?
Der Zorn erregen sollte durch seine Schlechtigkeit,
er bringt alle zum lachen, auch wenn sein Frevel schlimm ist.

Zu wem kann ich heute reden?
Raub herrscht,
jeder bestiehlt seinen Nächsten.

Zu wem kann ich heute reden?
Der Vertraute ist zum Verräter,
der Gefährte zum Feind geworden.

Zu wem kann ich heute reden?
Man erinnert sich nicht an das Gestern,
man handelt heute nicht mehr für den, der für einen selber gehandelt hat.

Zu wem kann ich heute reden?
Die Brüder sind böse,
Man nimmt für die Zuneigung des Herzens Zuflucht bei Fremden.

Zu wem kann ich heute reden?
Die Gesichter sind abgewandt,
jedermann wendet seinen Blick gegenüber seinen Brüdern zu Boden.

Zu wem kann ich heute reden?
Die Herzen sind habgierig,
es gibt kein Herz mehr, auf das man sich verlassen kann.

Zu wem kann ich heute reden?
Es gibt niemanden mehr in Ma'at,
das Land ist den Frevlern überlassen.

Zu wem kann ich heute reden?
Es mangelt an einem Vertrauten,
man nimmt Zuflucht zu einem Unbekannten, um ihm zu klagen.

Zu wem kann ich heute reden?
Es gibt keinen Zufriedenen,
den, mit dem man ging, gibt es nicht mehr.

Zu wem kann ich heute reden?
Ich bin beladen mit Elend
aus Mangel an einem Vertrauten.

Zu wem kann ich heute reden?
Unrecht zieht durchs Land
und sein Ende ist nicht abzusehen.

(Gespräch des Lebensmüden mit seiner Seele)

b)   Abwehr der Isfet

Seine Majestät (der Pharao) *ist gekommen, um Isfet zu vertreiben.*

(Grundsatz des ägyptischen Königtums)

Vertreibt mein Böses, tilgt meine Isfet, keinerlei Schuld gebe es für mich vor euch!
Laßt mich die Höhle auftun, in Rasetau eintreten, und vorbeiziehen an den geheimen
Pforten des Westens, auf daß man mir Brot, Bier und Opferkuchen gebe wie diesen
Verklärten, die in Rasetau aus und ein gehen.

(126. Kapitel des Totenbuchs)

Hier werden die vier Paviane am Bug der Sonnenbarke angerufen. Die Paviane sind
die Tiere des Schreibergottes Thot – wie die Priester mit ihren Hymnen begrüßen die
Paviane am Morgen mit ihrem Geschrei die Sonne. Diese vier Paviane, die vermutlich für die vier Himmelsrichtungen stehen, lassen die Ma'at zur Sonne aufsteigen.
Die vier Himmelsrichtungen haben die Bedeutung „die ganze Welt" – die ganze Welt
begrüßt Morgens das Aufgehen der Sonne, die der Ma'at gemäß allmorgendlich aus
der Unterwelt wiederkehrt.

c) Ma'at und Isfet

Der König hat die Ma'at an die Stelle der Isfet gesetzt.

(Pyramidentexte)

Re hat den König eingesetzt auf der Erde der Lebenden für immer und ewig beim Rechtsprechen der Menschen, beim Befriedigen der Götter, beim Entstehenlassen der Ma'at, beim Vernichten der Isfet.

(Grabinschrift)

So wird Ma'at dem gegeben, der tut, was geliebt wird,
und so wird Isfet dem gegeben, der tut, was gehaßt wird.
Und so wird Leben dem Friedfertigen gegeben
und Tod dem Rebellischen.

(ein Denkmal memphitischer Theologie)

Wer ist dies? Es ist Nemu, der Henker des Osiris, oder – wie andere sagen – es ist Apep, der sich erhebt und einen Kopf hat, der die Ma'at trägt, oder – wie andere sagen – es ist Horus, der sich erhebt und zwei Köpfe hat, von denen der eine Ma'at und der andere Isfet trägt. Er gibt dem Isfet, der in Isfet handelt und er gibt Ma'at dem, der in Ma'at handelt.

(Papyrus des Ani)

IV Ma'at im eigenen Leben

Abgesehen von Bitten an Ma'at um Beistand vor Gerichtsverhandlungen (wenn man nicht unschuldig ist, sollt man allerdings lieber den listenreichen Hermes der Griechen anrufen), kann man Ma'at auch um Hilfe anrufen, um das Wesen der Welt zu erkennen und in dem Anfang der Welt und in ihrer täglichen (mythischen) Neuschöpfung einen Halt und einen Ruhepunkt zu finden.

Dieses Streben hat zwar eine ähnliche Wirkung wie das griechische „Erkenne Dich selbst!", aber es unterscheidet sich doch deutlich von ihm. Die Verinnerlichung von Ma'at führt zur Quelle der Welt, zum Goldenen Zeitalter oder, wie es Leibnitz und sinngemäß auch die Taoisten bezüglich des Tao sagen, zur „prästabilierten Harmonie" „in der besten aller denkbaren Welten". Die Taoisten bezeichenen diese Wirkung als „Tê".

Das Wiederfinden des Paradieses, der anfänglich vollkommenen Schöpfung vor dem „Fall" ist das Ziel des Strebens nach der Ma'at. Aus ihr wird die eigene Bestimmung, der Weg und das Ziel, der eigene Charakter und der Ort in der Welt, an dem man sich befindet, erkannt. Diese Verwurzelung im Anfang, in der Mitte, im Urhügel, dieses „ein Zweig des Weltenbaumes sein" verbindet alle Dinge miteinander wie in einem großen Organismus.

Im Gegensatz zu dieser Hinwendung zur Vergangenheit als Quelle der Weltbejahung und als Quelle für die Selbstwerdung sucht das „Erkenne dich selbst!" das Ruhen in sich selber, es ist auf die Gegenwart bezogen. In diesem Bild ist „jeder Mann und jede Frau ein Stern", wie es Crowley ausdrückte; man ist zwar nicht allein, aber man ist doch weitgehend isoliert und auf sich selber angewiesen und man muß sich selber tragen und in sich selber ruhen können.

Die bei der Hinwendung zum Ursprung, also zur Ma'at, erkannten und erspürten Verbindungen zwischen den Teilen der Welt, die Einheit aller Dinge, fehlt dem Gegenwarts- und Ich-bezogenen Ansatzpunkt des „Erkenne Dich selbst!", obwohl man vielleicht doch das Sehnen nach dem spürt, was mehr als die Summe seiner Teile ist.

Die Ma'at ist das Prinzip der jungsteinzeitlichen Ackerbau- und Viehzucht-Kulturen, während die Selbsterkenntnis typisch für die Kultur des Königtums und des Monotheismus ist.

In der ägyptischen Religion läßt sich dieser langsame Übergang von der auf die Muttergöttin und die Richtigkeit ausgerichteten jungsteinzeitlichen Kultur hin zu der Kultur, in der das Ich und der König und der Sonnengott im Zentrum stehen, deutlich verfolgen.

Dem Zukunfts- und Fortschrittsgläubigen der heutigen Zeit fehlt sowohl die Verwurzelung in der Vergangenheit als auch das Ruhen in der Gegenwart des Ichs; die

Betreffenden sehen sich nur in ihren Projekten, ihren einzelnen Unternehmungen und Aufgaben und werden dadurch selber zersplittert – alle Dinge stehen einzeln da und sind voneinander getrennt. Das ist wohl auch der Grund, weshalb das „Sei jetzt hier!" der östlichen Weisheitslehren heute im Westen so großen Anklang findet. Das „Ruhen im Hier und Jetzt" ist ein Heilmittel für die zerrissen Seele so wie Ma'at Wasser für das Wachstum ihrer Wurzeln ist.

Erst wenn die Orientierung auf die Vergangenheit, die Gegenwart und die Zukunft ungefähr gleichstark ausgeprägt ist, kann sich die Persönlichkeit im festen Verwurzeltsein (Vergangenheit), im klaren Bewußtsein über sich selber (Gegenwart) und im Handeln ganz entfalten (Zukunft).

Mittlerweile ist das Prinzip der Ma'at auch von den Physikern entdeckt worden, die z.B. bei der Entwicklung der elfdimensionalen Superstringtheorie mit so komplexen mathematischen Modellen arbeiten, daß sie die meist als „Eleganz" bezeichnete Qualität der Ma'at benutzen, um zu schauen, welche der buchstäblich Millionen möglichen Varianten dieser mathematischen Theorien man genauer untersuchen sollte.

Dahinter steht die Erkenntnis, daß die Gesetze, auf die unsere Welt aufgebaut ist, letztlich schlicht und harmonisch und symmetrisch und eben schön sind – also in der Ma'at ruhen.

Die Ma'at hilft den Physikern heute also, Modelle unserer Welt zu entwickeln und gewissermaßen mithilfe von ästhetischen Gesichtspunkten nach möglichen Zusammenhängen zu suchen und dann die auf diese Weise ausgewählten Vermutungen durch Experiment und genaue Berechnung zu überprüfen.

Aufgrund der Komplexität der möglichen Varianten der untersuchten mathematischen und physikalischen Modelle hat sich dieses ästhetische Nachspüren als ein wichtiges Hilfsmittel erwiesen, um die Variante der untersuchten Theorie zu entdecken, die dann bei der genauen mathematischen Überprüfung mit den Beobachtungen an der Wirklichkeit überstimmt.

Die Betonung der Ma'at bei den Ägyptern und die Gegenübersetzung mit dem „Erkenne Dich selbst!" der Griechen und dem heutigen Fortschrittsglauben soll natürlich nicht heißen, daß sich die Ägypter keine Gedanken über das machten, was sie vorhatten oder daß sie nicht planen konnten; Ma'at ist auch keine Weltfremdheit aus Ablehnung des Lebens in der Gegenwart – die Ma'at stellt nur die allgemeine Orientierung auf die in dem Ursprung noch lebendige Harmonie aller Dinge dar.

Dies Ruhen in Ma'at ist auch einer der Gründe, weshalb sich die archaischen Kulturen nur so langsam verändert und weiterentwickelt haben und die Lebensweise der Menschen seit der Steinzeit für im Vergleich zu heutigen Kulturen unermeßlich langen Zeiträumen unverändert geblieben sind: Für den, der in Ma'at ruht, gibt es keinen Grund sich zu ändern.

Die folgende Hymne an Ma'at, die ich selber vor 40 Jahren verfaßt habe, ist recht persönlich geworden …

Ma'at, Du bist die Zunge des Pharaos,
das Herz des Sonnengottes
und das Wasser, das der Weltenbaum trinkt!
Gib meinem Herzen die Ruhe,
nach der es sich sehnt,
und die Erkenntnis,
nach der es dürstet!
Laß die Worte, die meine Zunge bildet,
von Wahrheit erfüllt sein
und meine Zaubersprüche von Kraft,
wenn sie entsprechend dem Willen des Re
aus meinem Herzen geboren wurden!
Atum erschuf die Welt,
Re beherrscht Himmel, Erde und Duat,
und Thot erhält die Ordnung aller Dinge,
aber Du bist das Herz der Schöpfung, Ma'at,
ihre Wurzeln, ihr Stamm und ihre Krone.
Ich habe Dir Salben und Weihrauch geopfert,
ich habe Dir einen Tempel gebaut
und Dir einen Altar errichtet
in meinem Herzen.
Komme, Ma'at,
wohne dort!
Komme, Ma'at,
wenn Dein Priester am Morgen
Deine Statue reinigt und schmückt,
wenn Brot und Milch bereitstehen vor Dir
und Dich die ersten Sonnenstrahlen grüßen!
Hilf mir, Ma'at,
laß mich auftauchen aus meinem Zweifeln
wie das Kind auf der Lotusblüte
aus dem Urmeer am Anfang der Zeit!

Bücher von Harry Eilenstein

- The Synthesis of Physics and Magic (192 p.)	- Money Magic for Beginners (60 p.)
- Telepathy for Beginners (60 p.)	- Magic Objects for Beginners (64 p.)
- Telepathy for Advanced Learners (52 p.)	- Shamanism for Beginners (52 p.)
- Telekinesis for Beginners (56 p.)	- Chakra-Magic for Beginners (148 p.)
- Life Force for Beginners (76 p.)	- Language of the Moon – for Beginners (128 p.)
- Kundalini for Beginners (104 p.)	- Self Knowledge for Beginners (60 p.)
- Astral Projection for Beginners (60 p.)	- Da'ath-Magic for Beginners (64 p.)
- Meditation for Beginners (60 p.)	- Astrology for Beginners (112 p.)
- Prophecy for Beginners (60 p.)	- Number Symbolism for Beginners (64 p.)
- Ritual Magic for Beginners (64 p.)	- Mandalas for Beginners (76 p.)
- Magic Chant for Beginners (108 p.)	- Crop Circles for Beginners (344 p.)
- Invocations for Beginners (52 p.)	- Feng Shui for Beginners (96 p.)
- Evocations for Beginners (62 p.)	- Magic Research for Beginners (140 p.)
- Auto-Movement for Beginners (60 p.)	
- Elves for Beginners (56 p.)	- Magic for Beginners – Anthology I (636 p.)
- Hypnosis for Beginners (56 p.)	- Magic for Beginners – Anthology II (616 p.)
- Love Magic for Beginners (52 p.)	- Magic for Beginners – Anthology III (684 p.)
	- Magic for Beginners – Anthology IV (580 p.)

Religion allgemein
- Die sieben Schritte des Lebens (428 S.)
- Muttergöttin und Schamanen (168 S.)
- Totempfähle (440 S.)
- Der Urriese (168 S.)

Jungsteinzeit
- Göbekli Tepe (472 S.)
- Die Göttin von Göbekli Tepe (144 S.)

Ägypten
- Hathor und Re 1: Götter und Mythen im Alten Ägypten (432 S.)
- Hathor und Re 2: Die altägyptische Religion – Ursprünge, Kult und Magie (396 S.)
- Isis (508 S.)
- Ma'at (200 S.)

Christentum
- Christus (60 S.)
- Die Biographie des Teufels (144 S.)

Indogermanen
- Die Entwicklung der indogermanischen Religionen (700 S.)
- Wurzeln und Zweige der indogermanischen Religion (224 S.)

Griechen
- Pan (336 S.)
- Poseidon (668 S.)

Inder
- Dakini (80 S.)
- Vajra (76 S.)

Germanen
- Die Götter der Germanen (87 Bände – siehe nächste Seite)
- Odin (300 S.)

Kelten
- Cernunnos (690 S.)
- Taliesin (228 S.)
- Der Kessel von Gundestrup (220 S.)
- Der Chiemsee-Kessel (76)

Psychologie
- Über die Freude (100 S.)
- Das Geheimnis des inneren Friedens (252 S.)
- Das Beziehungsmandala (52 S.)
- Gefühle und ihre Verwandlungen (404 S.)
- einsgerichtet (140 S.)
- Liebe und Eigenständigkeit (216 S.)
- Von innerer Fülle zu äußerem Gedeihen (52 S.)

Heilung
- Die Symbolik der Krankheiten (76 S.)

Kunst
- Herz des Tanzes – Tanz des Herzens (160 S.)
- Die Wurzeln der Kunst (60 S.)
- Wege zur Musik-Improvisation (32 S.)

Drama
- König Athelstan (104 S.)

„Magie für Anfänger"

- Telepathie für Anfänger (60 S.)
- Telepathie für Fortgeschrittene (52 S.)
- Telekinese für Anfänger (52 S.)
- Analogien für Anfänger (56 S.)
- Omen und Orakel für Anfänger (52 S.)
- Lebenskraft für Anfänger (60 S.)
- Meditation für Anfänger (56 S.)
- Kundalini für Anfänger (100 S.)
- Hypnose für Anfänger (56 S.)
- Auto-Movement für Anfänger (56 S.)
- Chakra-Magie für Anfänger (148 S.)
- Astralreisen für Anfänger (56 S.)
- Astrologie für Anfänger (120 S.)
- Silberschnüre für Anfänger (52 S.)
- Zaubersprüche für Anfänger (60 S.)
- Ritual-Magie für Anfänger (56 S.)
- Mandalas für Anfänger (68 S.)
- Geldzauber für Anfänger (56 S.)
- Liebeszauber für Anfänger (52 S.)
- Invokationen für Anfänger (52 S.)
- Evokationen für Anfänger (60 S.)
- Geister für Anfänger (52 S.)
- Elfen für Anfänger (56 S.)
- Magie-Forschung für Anfänger (140 S.)
- Magie-Romantik für Anfänger (60 S.)
- Selbsterkenntnis für Anfänger (52 S.)
- Einweihungen für Anfänger (60 S.)
- Drogen-Kabbala für Anfänger (216 S.)
- Zahlensymbolik für Anfänger (60 S.)
- Die Sprache des Mondes – für Anfänger (116 S.)
- Zaubergesänge für Anfänger (100 S.)
- Zukunftschau für Anfänger (60 S.)
- Schamanismus für Anfänger (52 S.)
- Schwitzhütten für Anfänger (52 S.)
- Magische Gegenstände für Anfänger (68 S.)
- Übertragungen für Anfänger (68 S.)
- Zaubertränke für Anfänger (64 S.)
- Magie-Gesten für Anfänger (252 S.)
- Da'ath-Magie für Anfänger (64 S.)
- Kornkreise für Anfänger (348 S.)
- Feng Shui für Anfänger (96 S.)
- Tao für Anfänger (112 S.)
- Magie für Anfänger – Sammelband   I (696 S.)
- Magie für Anfänger – Sammelband   II (664 S.)
- Magie für Anfänger – Sammelband III (580 S.)
- Magie für Anfänger – Sammelband IV (700 S.)
- Magie für Anfänger – Sammelband   V (676 S.)

Eilenstein, Frater V.D., Knecht, Büdenbender

- Magie heute – Berichte aus der Praxis (288 S.)
- Living Magic (261 p.)

„Traumreisen"

- Traumreisen zu Heilpflanzen (700 S.)

Magie

- Handbuch für Zauberlehrlinge (408 S.)
- Wie man das Pentagramm-Ritual zum Leben erweckt (308 S.)
- Tarot (104 S.)
- Physik und Magie (184 S.)
- Die Synthese von Physik und Magie (200S.)
- Die Magie-Formel (156 S.)
- Schwarze Löcher in der Magie (56 S.)
- Krafttiere – Tiergöttinnen – Tiertänze (112 S.)
- Schwitzhütten (524 S.)
- Mythen und Magie der Harfe (116 S.)
- Drei Adeptus Major Rituale (192 S.)
- Drei Adeptus Exemptus Rituale (120 S.)
- Zwei Infans Abyssi Rituale (128 S.)
- Die Magie der Propheten Elias und Elisa (96 S.)

Meditation

- Der Lebenskraftkörper (230 S.)
- Die Chakren (100 S.)
- Das Chakren-System mit den Nebenchakren (296 S.)
- Organe und Chakren (64 S.)
- Die platonischen Körper in den Chakren (156 S.)
- Meditation (140 S.)
- Drachenfeuer (124 S.)
- Kundalini I (676 S.)
- Kundalini II (672 S.)
- Reinkarnation (156 S.)
- einsgerichtet (140 S.)

Astrologie

- Astrologie (496 S.)
- Photo-Astrologie (428 S.)
- Die astrologischen Aspekte (88 S.)
- Horoskop und Seele (120 S.)

Kabbala

- Kursus der praktischen Kabbala (150 S.)
- Eltern der Erde (450 S.)
- Blüten des Lebensbaumes:
    - Die Struktur des kabbalistischen Lebensbaumes (370 S.)
    - Der kabbalistische Lebensbaum als Forschungshilfsmittel (580 S.)
    - Der kabbalistische Lebensbaum als spirituelle Landkarte (520 S.)

Büdenbender, Eilenstein

- Chaos, Alk und Magic (436 S.)

Die Themen der 87 Bände der Reihe „Die Götter der Germanen"

1. Die Entwicklung der germanischen Religion
2. Lexikon der germanischen Religion
3. Der ursprüngliche Göttervater Tyr
4. Tyr in der Unterwelt: der Schmied Wieland
5. Tyr in der Unterwelt: der Riesenkönig Teil 1
6. Tyr in der Unterwelt: der Riesenkönig Teil 2
7. Tyr in der Unterwelt: der Zwergenkönig
8. Der Himmelswächter Heimdall
9. Der Sommergott Baldur
10. Der Meeresgott: Ägir, Hler und Njörd
11. Der Eibengott Ullr
12. Die Zwillingsgötter Alcis
13. Der neue Göttervater Odin Teil 1
14. Der neue Göttervater Odin Teil 2
15. Der Fruchtbarkeitsgott Freyr
16. Der Chaos-Gott Loki
17. Der Donnergott Thor
18. Der Priestergott Hönir
19. Die Göttersöhne
20. Die unbekannteren Götter
21. Die Göttermutter Frigg
22. Die Liebesgöttin: Freya und Menglöd
23. Die Erdgöttinnen
24. Die Korngöttin Sif
25. Die Apfel-Göttin Idun
26. Die Hügelgrab-Jenseitsgöttin Hel
27. Die Meeres-Jenseitsgöttin Ran
28. Die unbekannteren Jenseitsgöttinnen
29. Die unbekannteren Göttinnen
30. Die Nornen
31. Die Walküren
32. Die Zwerge
33. Der Urriese Ymir
34. Die Riesen
35. Die Riesinnen
36. Mythologische Wesen
37. Mythologische Priester und Priesterinnen
38. Sigurd/Siegfried
39. Helden und Göttersöhne
40. Die Symbolik der Vögel und Insekten
41. Die Symbolik der Schlangen, Drachen und Ungeheuer
42.a Die Symbolik der Herdentiere I
42.b Die Symbolik der Herdentiere II
43. Die Symbolik der Raubtiere
44. Die Symbolik der Wassertiere und sonstigen Tiere
45. Die Symbolik der Pflanzen
46. Die Symbolik der Farben
47. Die Symbolik der Zahlen
48. Die Symbolik von Sonne, Mond und Sternen
49.a Das Jenseits I – Das Hügelgrab
49.b Das Jenseits II – Der Jenseitsweg
50. Seelenvogel, Utiseta und Einweihung
51. Wiederzeugung und Wiedergeburt
52. Elemente der Kosmologie
53. Der Weltenbaum
54. Die Symbolik der Himmelsrichtungen und der Jahreszeiten
55.a Mythologische Motive I
55.b Mythologische Motive II
56. Der Tempel
57. Die Einrichtung des Tempels
58. Priesterin – Seherin – Zauberin – Hexe
59. Priester – Seher – Zauberer
60. Rituelle Kleidung und Schmuck
61. Skalden und Skaldinnen
62. Kriegerinnen und Ekstase-Krieger
63. Die Symbolik der Körperteile
64.a Magie und Ritual I
64.b Magie und Ritual II
64.c Magie und Ritual III
65. Gestaltwandlungen
66.a Magische Angriffs-Waffen
66.b Magische Verteidigungs-Waffen
67. Magische Werkzeuge und Gegenstände
68. Zaubersprüche
69. Göttermet
70. Zaubertränke
71. Träume, Omen und Orakel
72. Runen
73. Sozial-religiöse Rituale
74. Weisheiten und Sprichworte
75. Kenningar
76. Rätsel
77. Die vollständige Edda des Snorri Sturluson
78. Frühe Skaldenlieder
79.a Mythologische Sagas I
79.b Mythologische Sagas II
80. Hymnen an die germanischen Götter